親子旅遊團長小禎最強樂園攻略

遊・樂園

機票、門票一起撿便宜，
嗨玩16座世界樂園、買翻附近outlet！

小禎－著

Contents

chapter 3

親子遊首選！

一天就玩透透的中小型樂園

chapter 4

寓教於樂！

好玩又能學知識的複合型樂園

首先恭喜我的女兒小禎出書了！常聽她分享出國的所見所聞，很開心她如此有國際觀，體現了「讀萬卷書，不如行萬里路」的道理。

她個性熱心、喜歡結交朋友，有了 Emma 之後更注重親子關係，常企劃家庭旅行。她曾經約了幾個家庭一起出國，總人數將近 3、40 人，還在當地租了一輛巴士載大家，所到之處也盡可能聯絡當地朋友幫忙（能麻煩的就麻煩人家，能打擾的就打擾人家），朋友們都相當依賴她，用最少的錢玩得最盡興。

射手座的她，看似說走就走，其實行前也是花了數週到數個月時間規劃，怪不得她總是朋友當中的人氣王。

在這本書中，她分享了很多自己出去玩的行程，從機票、飯店、門票到當地交通，還有一些私房景點，以她的經驗告訴大家出去玩如何節省經費和時間，這不單只是一本背包客的旅遊書，也適合計畫全家旅遊做參考，希望你們會喜歡！

瓜哥

旅遊，對很多人來說有不同的定義，也有不同的設想。有人因為開心、有人因為煩心，也有人因為痛心而出國！有人喜歡 3～5 天，有人喜歡十天半個月，也有人喜歡一年半載的。因為「時間」的考量，就會有不同地點和規模的選擇！

　　旅伴，是許多人共同認為關乎這趟旅程是否圓滿的關鍵！的確，有人喜歡縝密規劃、完美安排；有人則喜歡見招拆招、心隨意轉！這兩種人就能讓你的旅程有著全然不同的感受。最可怕的是胡盈禎她都會！不同的旅遊行程、不同的旅伴組合她都行！

　　憑藉著聰慧過人的判斷力，瞻前顧後地規劃出符合 8 歲到 80 歲同行者的需求！尤其是夜幕低垂後地把酒言歡、促膝談心，更是貼心的提供了 All you can eat & drink！胡盈禎～筆觸生動活潑、形容真實而深刻，未來絕對會是一個老少咸宜、雅俗共賞的生活旅行家！就讓她成為你今生的旅伴吧！

曾國城

　　認識小禎這麼多年，總覺得她是一個精力旺盛、捨己為人的射手座女生，別人生日，她幫忙辦；公司聚餐，她幫忙訂；教會有活動，她出錢出力；朋友想出國旅遊，她來規劃；加上女兒寒暑假的旅遊行程，也每年不重複的精心安排，內容精采到我都想當她的女兒了！感覺巴不得把所有的事情攬在身上做，除了愛熱鬧，就是怕孤獨！

　　孔子說：交朋友要選擇「友直、友諒、友多聞」的人。正直和誠實對於她這種俠女性格的人來說，已經不在話下，見多識廣這一點我還不得不佩服她，每每在節目中聊到世界各國的旅遊，她可以從義大世界聊到義大利，美濃可以聊到美國，貓空更可以聊到羅浮宮。哪裡有 CP 值高的餐廳？哪裡的 outlet 最好買？除了她之外，我還真想不到有什麼人這麼能聊！

　　籌備多時，圖文豐富，想要遨遊在五湖四海之間的旅人們，不買這本，明天你要和旅伴們聊什麼呢？

梁赫群

終於！我心目中最會玩的康樂股長終於要出書了！

和小禎認識了幾年，我們就玩了幾年，從單身玩到結婚，從小姐玩到媽媽，我們一起旅行，一起製造回憶。喜歡和小禎一起出國玩的原因很簡單，除了你們都已經知道她獨樹一幟的幽默風趣爆笑風格之外，就是她非常喜歡做行前的功課！用功的朋友誰不愛！！！她總是不厭其煩的查價比價，訂房訂票訂餐廳，研究和安排所有行程，有玩的有買的，總是滿足所有同行旅客的需求，根本就是一條龍的服務，所以朋友之間常常開玩笑說：小禎真的可以開旅行社了！再者，小禎是一個懂得精打細算、把錢花在刀口上的實際派，所以和她一起旅行總是收穫滿滿、CP值超高，完全不當冤大頭！

真的很開心小禎終於把她的拿手絕活分享給所有的讀者。「旅行，是從計畫開始就出發了！」在計畫的過程中有小禎這本書的陪伴一定可以讓你得心應手，從中找到屬於你的～旅行的意義！

好麻吉兼台灣好媳婦 **李佩甄**

哎唷不錯喔～咱們胡小禎出書了呢！話說小禎在製造親子回憶這塊算是非常用心的好媽媽，箇中翹楚來著的！看看書裡滿滿都是適合親子同遊的內容，多麼令人感動；更感動的是，她不知道撒了多少錢才能成就這本書啊～哈哈！

我真心推薦給所有想帶孩子出去玩卻苦無經驗的父母們喔！

嚴立婷

我的好朋友小禎要出旅遊書了！真心覺得大家賺到了，這本將是非常實用又方便的工具書。大家都知道我的老公開旅行社，可是當我要出國玩時，我永遠只跟小禎的團，因為小禎超級認真在規劃整個行程，而且有多種不同的行程供我們選擇，超級貼心（應該要叫我老公吸收她進我們公司才對）！

　　小禎總是會帶我們去好吃、好玩的地方，也會事先訂好位子，每次我都只要負責跟著走，其他完全不用擔心，一趟旅行下來吃好、玩好，買得開心～

　　這次旅遊書上的地點我幾乎都有參與，非常好玩！當然小禎之後一定還會有第二本、第三本旅遊書，同行的旅伴可是一定要有我唷！

甄莉姐

　　歡迎參加小禎旅行社，這裡的行程豐富、物超所值包君滿意，參加一次就成主顧！

　　這裡的行程，多的是驚喜，少的是費用，只會讓你回味無窮，去了還想再去。就怕你們沒我好命，可以有幸參加小禎旅行社！但是沒有關係，買了此書你們一樣可以身歷其境！

　　祝福我的好姐妹小禎，謝謝妳總是無私又熱情的規劃所有的行程，此生有幸與妳成為旅伴，真是上帝的恩典呀！願妳此書大賣，並在未來的日子裡規劃更多精采的旅程，期待我們下一次的旅行！愛妳唷～

總是在旅行中製造麻煩的 **Vicky**

我所認識的小禎是一位非常「慷慨」的人，朋友們都非常愛她，因為她很會照顧人，總是把朋友照顧得好好的，所以當她的朋友很幸福，她也熱愛分享，單純希望朋友都可以得到她所擁有的好康。

　　我所認識的小禎是一位「天生的領袖」，在群體之中，她絕對是那個付出最多、也是最會組織大家的核心人物，由於她領導和慷慨分享的特質，朋友們都很愛她，也很喜歡跟她一起出遊。

　　記得有一次，小禎帶著好多朋友一起出國玩，她比導遊還導遊，盡責的幫助我們每一個人，無論是集合時間、逛街的路線、必逛必吃的景點等等，每個細節都為我們設想周到。

　　精明的她不願意浪費一點點時間，會把行程排得非常「精采」，所以跟著她出遊，你必須先把體力練好，雖然會有一點小累，但是絕對值回票價。

　　我所認識的小禎也是一位「樂園」大師，她對樂園的了解讓我瞠目結舌，最令我吃驚的是她對迪士尼樂園的熟悉度，讓我覺得她不當樂園的推廣部主任實在太可惜了。

　　我印象中，姊每年都會帶著她的愛女一起出遊，每次回來除了帶著滿

滿的禮物，還會跟我們分享一些新的發現，朋友們都會慫恿她出一本以樂園為主題的旅遊書，讓更多人可以透過這本書玩得更精采。與其說是旅遊書，我覺得更應該是一本樂園攻略書，非常感謝上帝，我們終於等到「它」了。

　　我所認識的小禎不只是位領袖、不只個愛分享的朋友，我覺得她也是一位沒有長大的小女孩，或許這就是她如此喜愛樂園的原因。有一次我問她：為什麼這麼愛去迪士尼？她回答我：因為去那裡覺得很幸福啊！被她這麼一提醒，我想起過去到那裡遊玩的經驗，所有孩童時的純真彷彿從心底湧出來般，真的如她所說感覺十分幸福。

　　我相信這本她帶著愛女玩遍遊樂園的旅遊記錄，將為我們摸索出一條條「幸福路徑」，我更相信透過這本書，你也可以輕鬆安排一段你與親愛的家人或朋友難忘的「幸福之旅」。

　　我向大家推薦這本有趣的旅遊攻略書，最後也祝福各位，在每段旅程中找到自己心中那個天真無邪的孩子，那才是真正屬於你的「樂園」，也是小禎希望讓大家感受到的那份幸福。

松慕強 牧師

chapter 1

帶著夢想出發吧！

大人小孩都愛遊樂園

Part.1

我與小孩的樂園拼圖

旅行，就是帶小孩體驗不同的生活

　　每年我都會趁寒、暑假帶小孩出去玩，寒假過完了就規劃暑假，暑假過完了就規劃寒假，所以每次旅遊大概都有半年之久的規劃期，時間十分很充裕。至於要去哪裡呢？我是喜歡往都市跑的女孩，也喜歡Shopping，所以你會發現我不會在海島國家出現，哈哈！我不是走度假路線的那一派，因此都以樂園和 Shopping Mall 為主，這樣無論大朋友、小朋友都可以在旅程之中感到滿足。

　　先前我大部分都去美國，尤其是 LA，去過很多次了，因為那裡讓我覺得很熟悉，不會由於人生地不熟而害怕，會很有勇氣去探索還沒去過的地方。可是 LA 真的太大了，我還是有很多地方沒去過，還沒把那裡玩透透，新鮮感依舊十足，真想一去再去。

　　不過，也不能每次都往美國跑，我還是想帶 Emma 去不同的地方體

驗當地不同的生活，現在寒假通常是去滑雪，暑假就會比較費心，想到一些之前沒去過的地方。但精打細算如我，還是很在意機票便不便宜，所以我決定旅遊目的地的前提通常有兩個考量：一是小孩的需求，二是機票的價格。

飛哪裡的機票有在打折我一定優先列入考量，有時候會發現意外的驚喜，像去年暑假我們本來要去夏威夷，但半年前我發現阿聯酋航空的歐洲線在做促銷，立刻決定整團改拉去歐洲。雖然歐洲不是我原本要去的地方，可是機票真的太便宜了，不去對不起自己啦！我也考量到小孩接下來的暑假可能就要去上 Summer Camp，所以趁最後一年帶他們去歐洲，也算是天時地利人和。

天生樂園控，目標是玩遍全世界大小樂園

每次去樂園玩，說是為了小孩才去的，但其實我本身就是個不折不扣的樂園控，去樂園一方面也是滿足我的玩心，我真的很喜歡去樂園，去到哪裡都要找樂園來玩。原本只是一年一年隨性的玩，沒想到漸漸也快走遍世界上每一個迪士尼樂園了，只剩上海的還沒去過。很明顯，我的下一個目標已經決定好了，除了今年剛開幕的名古屋樂高樂園之外，就是上海迪士尼樂園了！

說到主題樂園，大家最熟悉的應該是迪士尼樂園與環球影城

吧，由於動畫跟電影的帶動，這兩個主題樂園的明星人物早就家喻戶曉，這次的內容也介紹了世界各地的迪士尼樂園與環球影城，雖然都是同一個集團底下的主題樂園，但每個國家的樂園之間還是有它不同的特色，都很值得一玩。

我在書中還推薦了樂高樂園與海洋世界，這兩個也是全球型的連鎖主題樂園。世界各地的遊樂園真的很多，想去的跟還沒去過的名單更是數也數不完，像是世界十大知名遊樂園裡的六旗遊樂園、樂天世界、布希公園，都已經排在我的清單中好久了，更別說是歐洲的加達雲霄樂園、奧爾頓塔公園和冒險港了！我想，等小孩的年紀再大一點，我就可以帶他們去挑戰更刺激、更好玩的遊樂園，也希望這些遊樂園的回憶能夠成為他們人生經驗中的一塊拼圖，同時也是我們親子之間一起完成的夢想拼圖。

Part.2

如何帶小孩玩樂園

依照小孩的年紀選擇樂園

　　每個遊樂園都有它吸引人的地方，雖然裡頭的遊樂設施跟樂園主題並不一樣，但一進到樂園那種開心到尖叫、立刻忘記所有煩惱的感覺都是相同的。而且，可能因為去樂園玩的回憶都很美好吧，回家之後，小孩還是會記得不少開心的事。

　　所以我真心建議，爸媽可以等到小孩的年齡比較大了、能夠搭乘大部分的遊樂設施，再帶他們去大型的主題樂園玩。如果你的小孩在兩歲以下，他們根本不會記得自己去過哪些樂園，這個年紀基本上都是爸媽在拍照而已，帶他們去比較近、比較小型的樂園玩就好。

　　像迪士尼樂園是讓小小孩初次接觸主題樂園的好選擇，因為迪士尼最擅長營造夢幻又歡樂的童話感，園區裡的每個卡通角色或是公主，對小朋友也都親切又和善，會讓他們對樂園留下非常棒的回憶，去了還想再去；

同時，每個迪士尼都會有專為小小孩設計的主題區與遊樂設施，帶推車去的話要寄放也很方便，對親子家庭來說是很適合的。

等小孩身高超過120公分，可以搭乘所有的遊樂設施了，就可以帶他們去大型的主題樂園了，像是LA的迪士尼、環球影城等等，還有一定要帶他們去奧蘭多玩！這個城市就像是遊樂園的天堂，有5個迪士尼園區、2個水上樂園、2個環球影城、1個樂高樂園、迪士尼郵輪，還有無數個大大小小的水上樂園，以及其他一時之間叫不出名字的遊樂園。

奧蘭多適合比較大的小孩去玩，這裡的樂園不只有可愛的、好玩的遊樂設施，還有偏科技類的設施，如果你跟我一樣很愛很愛去樂園玩，一輩子至少要去一次奧蘭多朝聖。

前一天先預習遊園路線

大家不要小看玩樂園這件事，去遊樂園是非常需要規劃的！除非你已經對這個地區熟到不能再熟了，像去日本，我不用看地圖就知道怎麼走了，如果樂園又離機場很近，下飛機拉了行李就可以直接殺去樂園，裡面有提供寄放大件行李的地方，玩完一整天之後再帶行李搭電車回東京市區。只有對很熟悉的樂園才能這樣做，否則一定要事先規劃。

我去到當地的第一天，會先去把樂園的所有簡介跟活動節目表拿回飯店研究，打開地圖，把小孩目前的年齡可以坐的遊樂設施全部標記出來，再在紙上把園區的路線走一遍。如果那一區的設施小孩不能玩，就不用浪費時間繞過去了，否則會發生走到那裡才發現不能玩，又要再走到另外一邊的窘境。所以我會先排好順序，在地圖上沙盤推演走過一次，才不會發生上述這種事。

去樂園最可惜的一點，就是在有限的時間內玩不完所有想玩的遊樂設施！假如你住進樂園附屬的飯店，通常能享有提早入園的優惠，飯店往往都有「Extra Magic Hour」，讓住客提早一小時不等入園，或是其他遊

客都需要離開園區時，你可以繼續待在裡面遊玩。不過很可能沒有每天、也不是每個園區都有這樣的優惠，記得上官網看樂園公布的資訊比較準確；東京迪士尼的飯店住客則是有「歡樂 15」提早入園 15 分鐘的優惠。

事先儲備好玩樂園的體力

　　不要以為玩樂園很輕鬆，早上睡到自然醒，摸一摸再去，千萬不要這樣想！你進去之後會很後悔花那麼多門票錢，才玩不到幾項設施就要關園了。玩樂園永遠是要早出晚歸，很早起來，吃完早餐馬上整隊出發，玩到閉園才出來，真的很累，所以很需要體力。

　　我們去奧蘭多的時候，Elsa 的活動正好剛推出，台灣都還沒開始賣 Elsa 相關產品，Emma 非常的迷戀她。那天剛好是非常盛大的 Elsa Welcome Home Party，意思是從那天開始 Elsa 就會加入遊行的行列，簡直是千載難逢，一定要去！但我們早上就在那邊慢慢吃早餐、慢慢準備，拖到心甘情願才出門，結果到現場才發現遊行結束了……

　　看到女兒失望的樣子，我的心真的好沉重，不知道該怎麼辦才好，還好之後還是有遊行，所以我們就爽朗的轉移陣地去商店買衣服。一到商店，不好意思，要排隊五個鐘頭！而且是沒有遮蔽物加毒辣無情的太陽的那種排法。我們看到一堆外國父母在那邊心甘情願的排隊，但我真的沒辦法這樣排五個小時！

　　於是我和孩子們商量，隔天早上八點我們一定要進園區去搶衣服，果然隔天一早進去，排 5 分鐘就買到了！順帶一提，我入園有買迪士尼的 MagicBand，就是一般的米奇款，在結帳的那一刻發現竟然出了 Elsa 版的……幸好 Emma 沒看到，不然一定會逼我買的。

　　後來的幾天我們都早上 8 點就進園區玩，一直玩到晚上 11、12 點，是不是很需要體力跟耐力？還有，一定要提早進去，不要在那邊慢慢摸，想說沒壓力慢慢玩，沒有這回事！票價很貴的！

Part.3

做好行前準備，善用旅行好幫手

買機票撿便宜

當我要開始計畫一個行程時，都會先問旅行社：「機票什麼時候漲價？」然後看小孩什麼時候放假、什麼時候考試，把這些時間都整理清楚，再進行下一步的動作。旅行之前我會提早半年開始準備，因為很怕訂不到房間，所以我都會提前確認。不過，要等機票跟住宿同時確定，我才會正式下訂。

1、比價 App 找便宜機票，冷門時段點數換機票

買機票的時候我很愛用 Skyscanner，輸入目的地，它就會列出所有機票購票網站這個航段的所有票價、飛行時間、轉幾次機、轉機停留時間，你可以直接做比較，再從它的連結連到購票網站買票。

機票這個東西很奧妙，有很多種買法，也可以用信用卡點數換，我建

議大家選擇不是很熱門的時段兌換，例如我每年固定三個時間出國：寒假、暑假，還有 12 月時我會出國去過我的小生日。寒暑假比較熱門的時段，我不會用換的，因為那時候的票價通常是快雙倍，相對的也要用快雙倍的點數兌換；但 12 月那一趟我就喜歡用點數去換，因為 12 月相對比較冷門。很多人會想：用換的才省錢，可是熱門時間的機票比較貴，實際上很不划算，你想想你刷了多少錢才有那些點數的！不要浪費你辛苦累積的點數，不要拿來在那種時候換機票！但升等倒是可以考慮。

2、不定時關注機票價格

其實暑假跟寒假，航空公司都有優惠可以參考，像我有一年就很碰巧的在網路上看到一個價格，大約 10 幾萬，是一個短程的亞洲線，台北飛韓國或日本，再搭配一個長程，飛美國或歐洲，兩段來回加起來才 10 萬出頭，非常划算。出國時間都固定的人，好處真的很多，我就可以用這張機票去搭配我暑假或寒假的出國。不過這種優惠經常只有曇花一現，可能幾天就沒了，最好的方法就是不定期去航空公司網站逛逛。

3、帶小孩可搭華航親子臥鋪

如果帶小孩飛美國的話，我非常推薦大家去搭華航的親子臥鋪，帶小孩很需要「躺平」，臥鋪等於三個經濟艙的椅子平躺，幫你鋪成一個床，很適合 2 歲以下的小 baby 加上媽媽，躺起來比較舒服。但現在 Emma 和我一起躺可能就有點擠了。不過像我的朋友他們是爸媽加上小孩 2 大 2 小，2 小分別是 8 歲和 2 歲，我就建議他買親子臥鋪；媽媽跟 2 歲的睡，然後再買兩個親子臥鋪，分別讓爸爸跟 8 歲的女兒躺平睡，這樣總和加起來比買商務艙還便宜。或是也可以買豪華經濟艙，再用信用卡點數升等。

以要躺平的原則來說滿划算的，以華航而言，一個人搭經濟艙大約 4 萬元，一個親子臥鋪加價 3 萬元，7 萬多就可以躺平；但是一個商務艙要

14 萬多，一樣躺平，當然鼓勵大家訂親子臥鋪。不過一台飛機的親子臥鋪數量有限，大家要提早訂比較好。如果你不考慮親子臥鋪而想搭商務艙，我覺得國泰航空的商務艙是最便宜的。

例如我跟 Emma 這個暑假去舊金山的機票，就是買豪華經濟艙加上點數升等，2 個人坐商務艙總共才花了 12 萬出頭。

訂住宿撿便宜

通常要長住超過一星期的，我會上 Airbnb 找民宿，如果是像短期住宿，像我去聖地牙哥樂高樂園，只停留 2、3 天那種，我就會選離樂園近的 Motel。其實我覺得 Motel 並沒有想像中可怕，那次住的 Motel 裡面很乾淨，旁邊還有很大的超級市場，非常方便，我記得一晚好像只要 90 幾美金而已。

1、訂房前，注意 Airbnb 房源的細節

在 Airbnb 訂房的話，大家記得要看仔細，因為它的陷阱很多，有時候是照片不符，照片拍起來房間很大，實際上卻很小，要從一些蛛絲馬跡去觀察，仔細看它房間的尺寸。或是你搜尋 15 個人的房源，卻跳出來那種只有 3 個房間、但有 11 張床的搜尋結果，是不是很不合理？這就代表它裡面可能有 8 張床都是沙發床或充氣床，去樂園玩是很累人的，晚上一定要好好睡覺休息才行，篩選的時候就要注意，每個人是个是都能睡到一張「真正」的床。

還有一點要提醒大家，如果你去的是歐洲，那裡很多房子是沒有冷氣的，現在全球暖化，每個地方都越來越熱，找房源的時候就要注意有沒有空調，不然夏天的熱度可是很恐怖的。

安排住宿的時候，你可以民宿也找，飯店也找，總是會找到最便宜的。民宿跟飯店很不一樣，是住在當地人的家裡，可以感受他們的生活，是種

滿奇妙的感受，也可以買東西回來煮；住飯店的話，是有人會幫你整理，就看你喜歡哪種囉！

2、觀察浮動房價，訂房網站有時比官網便宜

　　如果你要住的是飯店，後面列的住宿小幫手網站會幫你一一整理比價，只要有耐心的慢慢找、慢慢看，通常提早訂房就會發現很好的優惠。有一次我去北京，在 Hotels.com 上訂房，一晚的房價竟然比它們官網訂還要便宜 2、3 千元。我一開始只訂了 3 天，3 天之後我想加訂，打去櫃檯問，才發現價格實在太貴了，於是我自己上網訂，結果現場大概 5 千多台幣，網站卻只要 3 千多！ App 便宜好多喔！

　　訂房的價格往往是浮動的，有時候你今天看是一個價錢，但兩週後再上去看又變便宜了，如果你夠勇敢、敢賭的話，可以隨時去看喜歡的飯店有沒有降價，等到滿意的價格再去訂。不過我們每次一起出國的人數都很多，我擔不起這個風險，該預訂的時候我就會先訂了。

　　有一個重點要注意，即使是同一天的房間，訂房網站也會有不一樣的價格，像是超值優惠「不退款」，通常要全額付清，訂了之後無論如何都不能退款，雖然比較便宜，但如果你旅行是存在變數的，就不建議你訂這個方案，以免因小失大；標註「免費取消」的價格，雖然會比不退款的方案貴一點，至少你訂了房間之後是可以後悔的，有的還可以等到飯店入住時再付費。

遊樂園門票撿便宜

1、上網找套票、比價不同代購商

　　遊樂園的旅行成本比一般旅遊還高，因為樂園的門票真、的、很、貴。第一年開始玩樂園的時候，我們還不是很懂箇中訣竅，迪士尼、海

洋世界、樂高樂園等各個樂園的門票都分開買，個別的價格加起來，好令人荷包痛。第二年、第三年就開始做功課了，上網查詢後發現有很多樂園Combined 的票，我們曾經用 300 多塊美金買到迪士尼 2 個園區 + 環球影城 + 海洋世界的門票，再加價購樂高樂園，總共才 9000 多台幣，相差超級多。

台灣的一些旅行社、代理商現在也有賣樂園門票，大家可以上網比價看看，像是 KKday、Klook 之類的。另外，如果要去的是美國的樂園，當地也有一些地方可以購買，像是 UCLA 就能買到許多樂園的門票，例如：加州樂高樂園、六旗魔術山、聖地牙哥海洋世界、環球影城等等。學生可以在 UCLA 的網站上買，一般民眾就需要到售票現場買，不過要特別提醒一下，在 UCLA 買的票是不能退也不能換的。另外，Costco 也有賣主題樂園的票，如果有檔期優惠的話，通常會非常實惠。

2、運用或購買快速通關票節省時間

到樂園排隊玩設施是最浪費時間的，常聽到某某人去樂園回來，抱怨一整天只玩了 2 個設施，所以我去迪士尼一定會善用 Fast Pass，就是在熱門設施提供的快速通關（迪士尼樂園的 Fast Pass 不需要購買，但有數量限制）。抽了 Fast Pass 之後，上面會顯示你進場的指定時間，就不用跟大家一起排隊，可以從快速通關走道進入。不過 Fast Pass 是限量的，一定要早早去抽，建議大家一進去就要先抽熱門設施的 Fast Pass。

環球影城的話，不管是去加州、奧蘭多或大阪哪一間環球影城，我都一定會加買「快速通關」（除了新加坡環球影城之外，因為它的排隊時間不會太久），而不選擇走一般通道，否則真的會排隊排到天荒地老。每間環球影城的快速通關票名稱不太一樣，加州環球影城的叫 Font Of Line，奧蘭多環球影城的叫 Express Pass。

有一年我不信邪、沒買，結果整天只玩到一個遊樂設施，只要有買快

住宿小幫手

★ TripAdvisor 貓途鷹

可以找飯店和餐廳的網站，我通常是用它尋找當地的 TOP 餐廳，它會列出熱門的餐廳，並顯示餐廳離你多遠、用餐者的評論，也可以用你想吃的餐點去搜尋，例如「我附近的牛排館」、「我附近的美式餐廳」、「我附近的法國美食」之類的。

★ Airbnb

讓大眾出租住宿民宿的網站，提供短期出租房屋或房間的服務。是很安心的住宿選擇，不過預訂之前還是要查看房東的個人資料和評價，也要看他是否提供已經驗證過的電話號碼，或其他可以更了解他的資訊。

★ Hotels.com

這是一個線上訂房網站，常會出現飯店的神祕優惠價和下殺搶便宜的倒數優惠價，不定期可以上去看看。預訂時要稍微注意一下，看這筆訂購是「不可退費」還是「免費取消」。

★ HotelsCombined

飯店比價網站，可以一次搜尋到飯店、民宿、旅館的所有主流訂房網站與入住評價，找到最優惠價格。你可以設定你要的星級、價格帶，找起來比較方便。

樂園門票小幫手

★ 找便宜票可以 Google 搜尋：theme park tickets
★ Costco 的主題樂園售票：www.costco.com/theme-parks.html
★ City Pass 城市通行證：北美 11 個城市的景點套票，價格比分開買優惠很多。

★ UCLA Central Ticket Office

地址：325 Westwood Plaza, Los Angeles, CA 90095
服務時間：10:00 ～ 16:00
網址：www.tickets.ucla.edu/

速通關，再加上我的樂園路線規劃、沙盤推演，一個上午能玩到 7～8 成想玩的設施。要記得，大部分的快速通關票一個設施只能用一次（除非是無限制的快速通關票），像有些設施小朋友不能玩，你就可以拿小朋友的票再去玩一次，哈哈！

　　大家不要覺得買快速通關票是浪費錢，時間就是金錢，特別是出國玩的時候，千萬不要浪費時間在排隊，花錢買快速通關雖然貴了一點，但是會讓你一整天玩得很盡興。

租車撿便宜

1、提早預定，享受早鳥優惠價

　　出門旅行花最多錢就是住宿和交通，交通的話，我們一次出去玩的人數都很多，通常是租車出遊，自主性高又經濟實惠，平均分攤下來省很多。上次去美國，我們有 25 個人，開 2 台大的 15 人的 van 就滿划算的。我知道很少有車可以載得下 15 個人，所以一定要盡量提早預約，記得我半年前就訂好了，出國前兩天再上網看價格，竟然跟我預訂的價錢差了 5 倍！

　　美國、歐洲的租車和住宿一樣都有早鳥優惠，價格真的差很多，大家要早點去找，也要貨比三家，上次我們找了一家不是很有名的租車公司，價格就很不錯，而且因為是新的公司，車也比較新！重點就是要多比較、多看。

2、記得買租車保險，交車前檢查車子狀況

　　租車的話，台灣駕照和國際駕照兩種都要帶，還得注意幾個細節：第一點是一定要買租車保險，如果旅遊中間出了什麼小意外，像車身擦傷、刮傷這種維修和車損的費用是很驚人的，線上租車網站如 Rentalcars 或 EconomyBookings，租車都有內含保險，如果沒有內含一定要記得另外買。

　　第二，在取車的時候，工作人員會帶著你檢查車子的狀況，車身有沒有刮痕、傷痕，請一定要仔細看，以免還車時產生不必要的糾紛。第三，請加滿油再還車，大部分的租車公司都是採用借／還時都滿油的政策，如

果你還車時沒有加滿油箱，就會被索取油的費用，比市售油價還高喔！還有加汽油或柴油也別加錯。

第四，不要超過還車時間，不同的租車公司對還車時限有不同的規定，通常都有半小時的緩衝時間，如果超過緩衝時間，可能就要再多付一天的錢了。

帶著不計較的愉悅心情旅行

扣掉機票和買東西的成本，旅行中其他的基本開銷我都是能省則省，像我們常選擇住 Airbnb，好處就是可以自己買東西回民宿煮。歐美的餐廳普遍比較貴，自己煮早餐和晚餐就省下很多錢了，晚餐自己煮還有另一個好處，就是大人可以一邊吃飯一邊喝喝酒，小人洗完澡就自己玩他們的，為一天畫下很舒服的句點。

雖說省錢是大原則，但是該享受的部分我也不會錯過！我會把每天的 Schedule 拉出來，用 TripAdvisor 找當地餐廳的 TOP3 或米其林餐廳，把想吃的餐廳分散在行程的天數裡，記得要先訂位，我每次都帶很多人出門，午餐一定要預訂！把有上餐館的日子寫在 Schedule 上，其他天數就可以自己煮或另找出路。

什麼錢可以省、什麼錢不能省，我的作風算是很極端的，像我會自己帶台灣的泡麵去民宿煮，可是價格合理的人氣餐廳我也會去吃，不會硬要省錢或計較這些，都出國玩了就要開開心心的。

身邊也是有那種朋友，吃什麼、買什麼都要比一下價，連喝瓶可樂都斤斤計較。其實出國了就不要有這種心態，盡情享受你的旅程跟當地民情吧！你也不是定居在這裡，不是每天都得花 40 元買一瓶可樂嘛！

所以說，有人會問我怎麼換匯比較划算，我真心覺得這方面可以不要在意那麼多，我們出國不會換很多錢，匯差不會差很多。如果你真的一定要省匯差，可以每天觀察匯率，選比較好的價格時去換，你也可以分批換，說不定就能賺到小小差額。

★ EconomyBookings

這是一個租車網站,但它算是租車代理,跟一些租車公司合作,像是 Alamo、Europcar、Avis、Budget、Hertz 等,線上訂車後實際由這些租車公司提供服務。租車是否內含碰撞損傷豁免或防盜,要看個別公司而定。在 EconomyBookings 上搜尋到符合你時間地點的租車服務後,你可以再上租車公司的官網查看價格,差異不大的話在官網訂就可以;如果 EconomyBookings 便宜很多,當然是在這裡訂。

★ Rentalcars

跟 EconomyBookings 一樣是線上租車代理公司,合作的公司有 Avis、Hertz、Alamo、 Budget、Europcar、Dollar、Thrifty 等,網站有繁體中文版可選。租車費用都已經包含保險,可以累積亞洲萬里通點數。

實用打包術

1、自己洗衣服,省空間又環保

　　如果是暑假旅行,我們一次出門就長達 4 個星期,這時候我會帶一半、也就是 2 個星期的衣服,一部分用買的,一部分換洗著穿,自己洗衣服可以省下很多衣服的空間,所以我找住宿的首選一定要可以洗衣!到當地第一天就會去超市買洗衣粉,紙內褲也是旅遊的好朋友,但它不太環保,還是盡量自己用手洗。所以我出國會帶小搓衣板和小掛勾,洗好可以掛在浴室裡,無印良品就有,旅遊時洗衣服很方便。

　　我覺得收納袋是收行李的實用小物，以前我並沒有在用收納袋，但是到了目的地，打開行李箱東西常常「歪哥起剉」，亂糟糟的。現在就十分愛用收納袋，衣服、褲子、裙子捲起來收納，襯衫、厚外套之類不能捲的就摺整齊放進收納袋，這樣找東西好找，衣服也不會有很多皺摺。

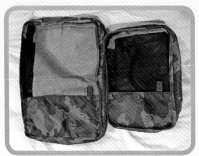

2、急救箱、常備藥以備不時之需

　　如果住飯店的話，吹風機、浴巾、沐浴用品通常都應有盡有，但如果像我一樣是住 Airbnb，在訂房的頁面就要稍微注意一下它的 List，看是否有這些用品。現在大部分的民宿都會有，不過我們的小朋友比較多，民宿的備品會不夠用，所以還是會自己帶。我們的策略是分配著帶，你家帶吹風機、毛巾，我家帶急救包之類的。小朋友去樂園難免會受點小傷，急救包裡一定要準備 OK 繃和消毒酒精，最好還要有出國常備藥品。你可以去小兒科掛號，跟醫生說你需要出國備藥，醫生都會給你一組常備藥，通常是對付發燒、過敏這些症狀用的。

3、好用的刀具，好睡的枕頭，好走的鞋

　　通常民宿的廚房裡本來就會有刀子、餐具組，不過有的不好用，有的甚至沒有，我之前在日本御茶水街的露營專賣店裡買到一組很好用的廚房

刀具組，小小一包，打開裡面就有砧板、刀子、木湯匙、刨刀，超好用的，我現在出國都會帶它。除了廚房刀具組之外，還有搓衣板、隨身音響，這三樣東西是我一定會帶的。

Emma 的話她自己會有個隨身小枕頭，幫小朋友準備她習慣性的東西，到當地比較不會認床，有安撫的作用；其實我也是，我們都有自己的小枕頭。夏天去水上樂園隨時隨地都可能玩水，飯店也會有游泳池，小孩看到水簡直樂翻了，所以一定要帶泳裝，還要幫他們準備一雙好穿的球鞋和一雙可以碰水的涼鞋，帶這兩雙就夠了！

我還會準備小孩愛吃的零食，每次出去小孩都很多，我包包裡就會放一堆零食，玩樂當然要有吃吃喝喝來點綴嘛。大人的部分就是一些喝酒可以當配菜的東西，不過這些去當地再買也可以。

4、出國不帶的物品

有些東西我覺得可以不用帶，像防曬油、曬後修護霜，這些在當地都買得到，不用特別帶去占行李重量。還有尿布，如果你是帶小小孩出門的話，尿布可以到當地再補給，這個東西實在太占行李箱空間了。大家很容易忽略一件事，就是國外也是有嬰兒的！尿布在超市就有賣，而且可能比台灣有更多選擇。我以前也犯過這個錯，帶了一堆，真的太麻煩了啦！

5、女孩兒必帶公主服

有一件事很重要，如果你家的小孩是女孩兒，千萬聽我一句勸：一定要記得帶上她的公主服！進到迪士尼，每個女孩都會覺得自己是公主，只要看到公主服就想穿。Emma 第一次去迪士尼的時候，我買了件公主服給她，隔年我想說：她應該不會想再穿公主的衣服了吧？所以沒帶。結果一到園區裡她就說：「媽媽，我想穿公主的衣服。」我頭上飄過一陣烏雲之後還是幫她再了買一套。

第三年我還是不信邪，不帶！結果她又要穿！變成我們家現在各種公主服都有一套了（攤手），我都快可以開道具服出租店了。所以如果妳買了一套公主服，記得隔年一定要把它收進行李箱裡，重複穿才不用每年都買新的。我當初就是學不乖，想說小孩子長大不會那麼幼稚了，她應該不會想穿。錯！她就是會想穿！樂園就是會使人幼稚。

而且整個樂園的氛圍，會讓她覺得自己就是小公主，會想要打扮。像Emma 今年九歲了，去年去香港迪士尼也還是會想要扮公主，結論是，公主夢是不會隨著年紀長大而消失的。

chapter 2

樂園控必朝聖！

兩天以上才過癮的大型樂園

- 東京迪士尼樂園
- 東京迪士尼海洋
- 奧蘭多環球影城
- 迪士尼加州冒險樂園
- 巴黎迪士尼樂園

日本 JAPAN

超夢幻！
讓人不想回到現實的
東京迪士尼樂園 TOKYO DISNEYLAND

地址｜〒 279-0031 千葉縣浦安市舞濱 1 番地 1
服務專線｜+81-45-330-5211 （國外） 0570-00-8632 （日本國內）
開放時間｜08:00 ～ 22:00 （每日開園時間可能不同，請上官網查詢當日營業時間。）
官方網站｜www.tokyodisneyresort.jp/tc/

　　東京迪士尼樂園是亞洲第一座迪士尼樂園，如果你從來不曾去過迪士尼樂園，也還沒有時間遠征美國加州的迪士尼，那麼我強力推薦，一定要把這裡列為初次造訪的首選。東京迪士尼不但有卡通城、小小世界、太空山等歐美迪士尼的經典遊樂設施，連遊行、煙火也通通都看得到，只要短短幾小時的飛行，就能立刻置身最道地的 Disneyland，是不是超級具備吸引力？

　　難怪東京迪士尼是亞洲人氣最旺的迪士尼樂園，也是氣氛最溫馨歡樂、最令小朋友流連忘返的迪士尼。

交通指南

地鐵	JR 舞濱車站	可搭 JR 京葉線或 JR 武藏野線。
巴士	東京迪士尼度假區巴士	成田機場、羽田機場、東京車站、新宿車站等地都有直達巴士可搭乘。 （停靠地點、候車處與巴士時刻表，官網上就查得到。）
園區單軌電車	東京迪士尼樂園站	由 JR 舞濱車站（南口）出站後，左轉即可到達度假區總站，下一站就是東京迪士尼樂園站。

門票價格

不論在線上或現場購買的門票，上頭都會有可供掃描的 QR Code，抽取 Fast Pass 或觀賞表演都需要門票，建議隨身攜帶，不管哪個迪士尼都一樣。

幣值：日圓（門票價格若有變動，以官網價格為準）

	全票（18 歲以上）	學生票（12～17 歲）	兒童票（4～11 歲）
一日護照	7,400	6,400	4,800
兩日護照	13,200	11,600	8,600
三日魔法護照	17,800	15,500	11,500
星光護照	5,400	4,700	3,500

可抽 Fast Pass 的設施
怪獸電力公司「迷藏巡遊車」、巴斯光年星際歷險、太空山、星際旅行：冒險續航、小熊維尼獵蜜記、幽靈公館、飛濺山、巨雷山。
（下一張 FP 券的抽取時間是 2 小時後或該張 FP 券使用後。FP 券上會標明下次可抽取 FP 券的時間。）

這個必玩！

- ★ 仙履奇緣童話大廳體驗灰姑娘故事
- ★ 卡通城拜訪明星們的家，狂拍萌照
- ★ 到飛濺山去被噴得一身濕，過癮
- ★ 到水晶宮餐廳跟小熊維尼一起吃早餐
- ★ 米奇、美妮和迪士尼公主們的熱鬧繽紛遊行

灰姑娘城堡，公主夢女孩的聖地

　　每個迪士尼樂園裡一定都有一座經典的城堡，它的靈感原型是來自於德國的新天鵝堡，絕對是園區內最吸睛的建築之一，比大門口還要具代表性。如果有去過香港或是加州的迪士尼，應該會發現東京迪士尼的城堡長得不太一樣，上半部的高塔又細又長、顏色也沒那麼粉嫩，因為只有這裡和佛羅里達州的迪士尼都是灰姑娘城堡，其他的迪士尼都是睡美人城堡喔！

　　到了夜晚，城堡會打上各色燈光，看起來更加夢幻，還有「童話之夜」的 3D 光雕煙火秀可以看，把整座城堡變成一本超大型的活動繪本，每張門票都有一次機會，抽選中央觀賞區的 1000 個座位，要夠幸運的人才能抽到。沒抽到的話也沒關係，記得提早找個離中間近一點的好位置，才不會只看到萬頭鑽動的人影。城堡的日景跟夜景都很值得一看，要多拍幾張美翻天的全景照留念。

　　城堡裡頭則有「仙履奇緣童話大廳」可以進去參觀，大廳既氣派又美麗，牆上滿滿的畫作就是仙度瑞拉跟王子從相遇到結婚的故事，還有展出灰姑娘穿的那隻玻璃鞋呢！如果你的小孩是喜歡穿公主裝、懷抱滿滿公主夢的女孩，應該會開心到不行吧，真的就像被邀請到城堡作客，親自參與王子與公主的宴會一樣。

灰姑娘城堡就位在東京迪士尼的正中央,很多人都不知道裡面可以進去參觀,後方
也有階梯能爬上城堡二樓拍照,視野不錯。

Photo／Pixabay

夢幻樂園、卡通城，萌殺100%記憶體

　　相較於東京迪士尼海洋，陸地Land的遊樂設施刺激度並不算高，比較適合年紀小一點的孩子，反過來說，像Emma這種年齡大一點的孩子，就會覺得旋轉木馬、小飛象、愛麗絲的午茶派對這類溫和的遊樂設施已經沒那麼有吸引力了，除非是想搭乘的設施都坐過了，還有剩餘的時間我們才會去玩。

　　不過Land這邊有非常多萌到極點的造景與設施可以拍照，特別是夢幻樂園和卡通城這兩個區域，真的是隨便拍都可愛。例如，「小小世界」顏色粉嫩又醒目的外觀，一看就知道夢幻樂園到了，裡頭還能搭乘小船環遊世界；人氣超夯的Fast Pass設施「小熊維尼獵蜜記」，排隊的門口就是一本巨大的、翻開的故事書，我覺得搭乘蜂蜜罐體驗的劇情也比香港迪士尼的同名設施更精采。

　　卡通城就更厲害了，因為這裡是米奇和美妮居住的地方，所以可以看到卡通裡每個角色的家喔！奇奇帝帝的橡樹屋、唐老鴨的汽船、高飛的遊漆屋、美妮公館等等，每一棟都是能走進去看的，各種細節都會讓人驚呼：「天啊，太可愛了！」想跟卡通人物拍照的人，到這區來就對了，在米奇公館裡就可以跟米奇合照，米奇偶爾還會去美妮的家裡串門子咧～

小小世界從2017年3月開始就暫停營運，進行翻新，要到2018年春季才會再度登場，想玩的人要再等等囉！

Photo／Pixabay

加勒比海盜、飛濺山，大人小孩都愛

Emma 現在的身高已經能夠搭乘遊樂園的各種設施了，但我們還是會先選擇那種有點刺激、卻也不會太恐怖的遊樂設施來玩，以免太激烈的翻轉、墜落或是恐怖的造景讓她害怕。像 Emma 以前膽子很大，很愛坐雲霄飛車，可是有一次我們坐「太空山」，她就被裡面的黑暗跟飛車翻轉給嚇到，導致她後來不敢坐雲霄飛車，一定要看得到周遭、或確定設施不會翻來翻去才行。

對喜歡刺激雲霄飛車的人來說，太空山算是滿 peaceful 的，但我小時候也覺得太空山很恐怖，雖然長大之後就不怕了。所以我要提醒各位家長，除非你的小孩非常堅持要玩，或確定他已經做好心理準備，否則不要貿然帶他嘗試刺激度太高的遊樂設施，有可能會嚇得他什麼都不敢玩，這樣你也會很困擾！

我還滿推薦「加勒比海盜」的，它是搭小艇去體驗海盜的世界，在洞穴內可以聽到砲彈呼嘯而過的聲音、海盜們互相叫囂，連《神鬼奇航》裡的傑克船長也會出現，很像跑進了電影現場，過程中沒什麼太劇烈的移動，不過造景有很多骷髏頭，小孩會怕的話要斟酌一下。

「巨雷山」也是很受歡迎的遊樂設施，搭著採礦列車在礦坑間瘋狂奔馳，急速上下的俯衝和感覺很靠近的山壁，真的會讓人有點想尖叫，半露天的列車也讓速度感提升不少，雖然對大人來說刺激度還好，但對小朋友而言已經夠好玩了！

我自己最喜歡的是「飛濺山」，坐上獨木舟深入很多小動物居住的叢林，沿著溪流滑來顛去的，最後很反差的從山頂俯衝而下，濺起的水花一定會把人噴得全身濕透，非常非常好玩。大家可以買輕便雨衣來穿，不過多少都會弄濕，也可以幫小孩穿件外套或是準備衣物替換。

Photo / Pixabay

攻略！

★ 入園人次預估網站，排隊時間 APP

在安排旅遊行程、決定哪幾天要到迪士尼樂園玩之前，推薦大
家可以到一個網站查詢，上面會顯示「預估入園人數與當日天
氣」，觀察你要去的那段時間，哪幾天的入園人數比較少、天
氣又不會太差；也要切記，千萬別到現場才排隊買門票，一定
要先上網或跟旅行社購買，不然就抽不到想玩的 Fast Pass 了。
入園時，可以先跟驗票口的工作人員索取中文版地圖，裡頭會
有當天所有表演與遊行的時間表，再去下載排隊時間的 APP，就能掌握每項遊樂
設施的排隊時間，以及 Fast Pass 抽取的狀況，非常好用。
「預估入園人數與天氣」網址：www15.plala.or.jp/gcap/disney/
排隊 APP：Android 版「TDR 排隊時間」、ios 版「D の待ち時間」

夢幻約會，讓迪士尼明星陪你用餐

不曉得大家知不知道，迪士尼樂園除了戶外形式的遊行表演，在餐廳裡也能一邊用餐、一邊觀賞卡通明星們的表演，還可以和他們合照，而且從早餐到晚餐都有機會，想把迪士尼玩透透的人絕對要體驗看看的！

其中我最推薦的是「水晶宮餐廳」的早餐活動，這裡出現的明星是小熊維尼、跳跳虎、小豬、屹耳跟瑞比，他們不但會沿桌跟大家互動，還有明星會調皮的偷吃你的早餐咧！一大早就享受這麼夢幻的早餐約會，感覺接下來玩一整天都不會累了。

午餐和晚餐的表演在「波里尼西亞草壇餐廳」和「鑽石馬蹄餐廳」都可以看到，我自己比較喜歡草壇餐廳的「莉蘿的歡樂夏威夷聚餐」，米奇和美妮、奇奇和帝帝會穿著夏威夷風出現，邀你上台共舞。另一個是馬蹄餐廳的「米奇劇團」，喜愛唐老鴨的小朋友看這場就對了，非常歡樂又熱鬧，唐老鴨的表演十分逗趣，看完都要愛上他了！

最重要的是，這些餐飲表演都需要事先預約，表演日的前一個月就開放預約了，直到前一天晚上都能預訂。不過網頁是日文版的，擔心看不懂怎麼用的人，可以像我一樣上網找教學文，建議要盡早預約才能搶到視野好的位置。預約成功的同時就要先刷卡付費，別忘了在表演前一個小時拿預約信到餐廳報到。

童話般的花車遊行，日夜間各有特色

　　不管玩過迪士尼樂園多少遍，每次我都會堅持要看花車遊行，因為遊行時的氣氛實在是太棒了，小朋友們也會超級 High，又叫又跳的，回家後都念念不忘，那種感動真的會留在心裡好久好久。

　　遊行一般會有兩場，日間場在下午舉行，夜間場則在晚間舉行，每過一段時間主題都會更換，遇到節慶也會有特殊的遊行活動，所以才那麼吸引人一看再看。大家可以先研究官網上公布的遊行路線，在開始前一小時移動到喜歡的位置卡位，還有人會自備野餐墊坐著等！

　　目前的日間遊行主題是「幸福在這裡」，帶頭領隊的是高飛，接著米奇、史迪奇、小飛象和迪士尼公主們等角色都會一一出現，繽紛多彩的花車以及手舞足蹈的卡通角色，只有兩隻眼睛根本來不及看啊。夜間遊行是「東京迪士尼樂園電子大遊行～夢之光」，花車上裝飾著滿滿的耀眼燈飾，炫目的光影讓人懷疑自己是不是在做夢，真的很像夢裡面才見得到的景象。今年 7 月 11 日開始會有冰雪奇緣、灰姑娘和美女與野獸的新花車登場，我超想再去的。

當天的遊行是否舉辦或哪時候開始都可能有變動，所以在安排遊園行程的時候，不妨先詢問一下工作人員，問他們是最準確的。如果夜間遊行因為下雨取消，大家也不要感到失望，有一個在下雨天才會登場的夜間遊行「夜幕彩輝」，迪士尼明星們會換上雨衣裝扮出來遊行喔！（官網有註明會看風雨大小決定是否演出。）我們還沒看過這個「隱藏版」的遊行，希望之後有機會可以碰上，就算下雨天也值得啦！

Photo／Pixabay

離門口最近的世界市集就是東京迪士尼樂園的商店街，整個區域都有棚頂遮蓋。建議大家不用先急著逛商店採買，可以等到離園之前再一次買齊，才不用背著很重的戰利品玩一整天。

★ 善用官網，掌握特別情報

東京迪士尼有中文的官方網站，上面都會公布當年一整年度有哪些期間限定的活動，像是新年、復活節、萬聖節和聖誕節等等都有特別活動，建議大家可以挑這些時間去玩，因為園區內會有很多應景的裝飾，節慶氣氛超級濃厚，也會出一些特別的商品，錯過了就買不到。

另外，官網上也會公布一些重要的訊息，例如有哪些遊樂設施維修，或是有哪些餐廳需要預約才能進入用餐等等，在安排行程之前，一定要上去官網查詢看看，免得到了樂園才發現自己最想玩的設施居然維修中，或是想好好坐下來吃頓飯卻等不到位子坐，可是會大大掃興的。

東京迪士尼樂園的復活節造景，是不是很可愛？就算一樣是復活節，每年的裝飾也會不同喔！

園區內每一輛爆米花攤車都會擺出它販賣的是哪一款爆米花桶，看到喜歡的款式就買一個吧！排隊的時候吃爆米花最能打發時間了。

這個必買！

★ 造型爆米花桶
玩迪士尼還滿耗費體力的，我覺得各種造型的爆米花桶是可愛又必買的東西。東京迪士尼還滿厲害的，爆米花桶的造型非常多，還不時推出期間限定的商品，園區內攤車販售的幾乎是不同造型的桶子、不同口味的爆米花，價格也依造型各異。推薦買一個自己最喜歡的款式，吃完了還可以到其他攤車購買爆米花補充，很方便又有紀念性。

★ 迪士尼造型帽
在迪士尼幾乎每個人身上都會有迪士尼相關的單品，小女生當然就是穿公主服。你也可以在入園的時候先買一下造型帽，戴著它玩起來會更融入夢幻的氣氛裡，我覺得啦，哈哈！

Photo／Pixabay

超人氣！
全世界獨一無二的

東京迪士尼海洋 TOKYO DISNEY SEA

地址｜〒 279-0031 千葉縣浦安市舞濱 1 番地 1
服務專線｜+81-45-330-5211（國外）0570-00-8632（日本國內）
開放時間｜08:00 ～ 22:00（每日開園時間可能不同，請上官網查詢當日營業時間。）
官方網站｜www.tokyodisneyresort.jp/tc/

Photo／Pixabay

　　東京迪士尼海洋和東京迪士尼樂園其實很近，它們都算是東京迪士尼度假區的一部分，大家常用海洋 sea 跟陸地 land 來簡稱這兩個樂園，只是 sea 比 land 晚了十七年才開幕，雖然如此，海洋迪士尼受歡迎的程度可是比陸地迪士尼還要高喔！因為這裡是全世界唯一一座以海洋為主題的迪士尼樂園，有廣闊港灣與異國風情的造景，也有更多刺激好玩的遊樂設施，而且還是達菲 Duffy 系列角色的誕生地。

　　如果你玩過了經典的 Disneyland，那就更不能錯過獨一無二的 Disneysea 了，這裡的占地比陸地 Land 更大，想要把整個樂園都玩透透，那就需要更多的體力加時間加技巧啦！

交通指南

地鐵	JR 舞濱車站	可搭 JR 京葉線或 JR 武藏野線。
巴士	東京迪士尼度假區巴士	成田機場、羽田機場、東京車站、新宿車站等地都有直達巴士可搭乘。 （停靠地點、候車處與巴士時刻表，官網上就查得到。）
園區單軌電車	東京迪士尼海洋站	由 JR 舞濱車站（南口）出站後，左轉即可到達度假區總站，第三站就是東京迪士尼海洋站。

門票價格

幣值：日圓（門票價格若有變動，以官網價格為準）

	全票（18 歲以上）	學生票（12～17 歲）	兒童票（4～11 歲）
一日護照	7,400	6,400	4,800
兩日護照	13,200	11,600	8,600
三日魔法護照	17,800	15,500	11,500
星光護照	5,400	4,700	3,500

可抽 Fast Pass 的設施
玩具總動員瘋狂遊戲屋、驚魂古塔、海底巡遊艇：尼莫＆好友的海洋世界、印地安納瓊斯冒險旅程：水晶骷顱頭魔宮、忿怒雙神、地心探險之旅、海底兩萬哩、神燈劇場、美人魚礁湖劇場。
（下一張 FP 券的抽取時間是 2 小時後或該張 FP 券使用後。FP 券上會標明下次可抽取 FP 券的時間。）

這個必玩！

★ 看得到園區全景的驚魂古塔（真的會驚魂，沒有開玩笑）
★ 忿怒雙神＋印第安納瓊斯的刺激冒險
★ 大小孩和小小孩都愛的美人魚礁湖劇場
★ 海底巡遊艇新開幕必朝聖
★ 達菲熊餐廳秀、日夜表演加煙火，一場不漏

驚魂古塔 + 瘋狂遊戲屋，不玩後悔

　　迪士尼海洋適用快速通行的遊樂設施比迪士尼樂園多了幾項，刺激好玩的設施也更多，所以搶 FP 券的難度瞬間提高不少，我先傳授大家第一個搶票技巧：入園後，請立刻衝向「美國海濱」這一區！這裡的「驚魂古塔」和「玩具總動員瘋狂遊戲屋」都是迪士尼海洋中最熱門的 FP 遊樂設施，特別是玩具總動員瘋狂遊戲屋，幾乎在開園一小時內就被抽光了。抽到玩具總動員瘋狂遊戲屋的 FP 後，看一下驚魂古塔的排隊時間，不是太久的話就可以直接排隊玩。

　　如果你是一個追求刺激的人，超級適合去玩驚魂古塔，它的建築是一棟鬧鬼的豪華飯店，遊客會搭上電梯回到 1912 年的紐約，探索飯店主人的離奇失蹤事件，每一層電梯門打開就會看到那層樓的故事，一直到頂樓；結局我不能在這裡爆雷，只能說故事既神祕又令人毛骨悚然，大家玩了就知道。最特別的一點是，電梯升到最高的時候可以俯瞰整個迪士尼度假區，晚上玩的話夜景很美喔！接受不了恐怖跟刺激的小孩千萬別嘗試，否則會嚇死──但大人會愛死！

迪士尼海洋的驚魂古塔有自己的原創故事，古塔的外觀到裡面的情節都跟美
國兩個迪士尼的驚魂古塔不一樣喔！我自己覺得日本版的精緻非常多。

　　至於玩具總動員瘋狂遊戲屋，它是一個很特別的 3D 射擊遊戲，設施入口是胡迪的大嘴巴，裡面的布置、什麼東西都做得非常大，人走進去的感覺就像自己被縮小了一樣；玩法是搭上遊戲車、拿玩具槍進行射擊競賽，出來之後還可以跟旁邊的人比看看誰分數高，整個遊戲互動性超強、非常有參與感。

　　難怪它推出之後都要排超久的隊才能玩到，聽說假日最多要排五、六個小時，很多人一開園就加快腳步衝來這裡排隊、抽 FP 券，果然是令人「瘋狂」的設施，而且也真的很好玩，大人小孩都可以玩得超開心！

忿怒雙神 + 水晶骷髏頭魔宮，刺激飛車哥倆好

　　接下來先介紹大朋友比較喜歡的刺激遊戲好了，那就是同樣位在失落河三角洲的「忿怒雙神」和「印第安納瓊斯冒險旅程：水晶骷髏頭魔宮」，這兩項都是雲霄飛車式的遊樂設施，差別在於一個是以刺激度取勝，另一個則是冒險氣氛滿點。

　　忿怒雙神的場景是廢棄的考古現場，裡頭有被惹怒的火神與水神石像，大家會搭著採石車在火焰和水柱之間的軌道上激烈翻轉。這是東京迪士尼第一座 360 度垂直迴旋的雲霄飛車，也是身高限制最嚴格的遊樂設施，太矮太高都不能搭乘，再加上是室外型的開放軌道，速度之快真的很像隨時會飛出去一樣，坐過的人很少有不放聲尖叫的，我覺得是迪士尼海洋裡面最刺激的一項，心臟夠大的再來挑戰吧！

　　水晶骷髏頭魔宮在加州迪士尼有一個類似的兄弟版設施「禁忌之眼魔宮」，故事情節雖然不同，但兩邊的內容都非常刺激有趣，也是我去加州迪士尼必玩的項目之一，所以在東京也絕對要玩一次的啦！整個遊戲過程就是印第安納瓊斯的冒險旅程，搭乘的吉普車很有自己駕駛的感覺，再配上緊張氣氛十足的背景音樂，車子忽快忽慢、忽高忽低的，根本就是身歷其境。

Photo／Pixabay

美人魚礁湖區，夢幻童心大爆發

　　造福完大朋友，現在來為小朋友服務吧！位在海洋中央的美人魚礁湖區域，這裡的遊樂設施幾乎都是小孩跟小小孩可以玩的，像是「跳躍水母」、「史卡托的寄居蟹」、「河豚氣球競賽」、「旋轉海藻杯」等等，就連雲霄飛車也是可愛版的小胖飛魚車車，簡直是 A piece of cake！

　　其中，礁湖劇場跟大部分的設施都在那座造型很漂亮的貝殼城堡之中，裡頭的照明刻意做得暗暗的，營造出海底世界的感覺，天花板畫著海浪般的波紋，彷彿水流似的，還有各種顏色與造型的燈飾，氣氛很夢幻。小朋友剛進到比較暗的地方或許會有點害怕，可以引導他們去看一些可愛的造景，轉移他們的注意力和不安，過一陣子就不會怕了。

　　這一區我最推薦的是「美人魚礁湖劇場」，場地很大，一次可以容納700個人，不用排太久就看得到，所以不需要特地抽FP。演出的內容是音樂劇，目前的主題是「川頓王的音樂會」，既熱鬧又歡樂，人魚公主艾莉兒吊著鋼絲在會場內一邊游來游去、一邊展現她動聽的歌喉，讓人有種置身卡通裡的錯覺，會很想跟著大唱〈Under the Sea〉，全場觀眾也會忍不住一起打拍子喔！

　　樂園裡還有一個劇場是阿拉伯海岸的「神燈劇場」，比起來我還是更喜歡美人魚的這個。阿拉伯海岸的遊樂設施也是老少咸宜，中東世界的造景跟建築都做得很精緻，也滿推薦大家去拍照的。

海底巡遊艇，海洋園區新亮點

　　今年的迪士尼海洋有一個新亮點，那就是 5 月 12 日在發現港區才新開幕的「海底巡遊艇：尼莫＆好友的海洋世界」，同樣是適用 Fast Pass 的設施，也是讓我近期內很想再去一次 Disneysea 的主要原因。（想去的樂園名單越來越長一串了，該怎麼辦才好？）官網發布的玩法是遊客會縮小成魚兒的大小，跟著尼莫和多莉一起去海洋冒險，光用想像的就很有趣，相信剛開幕的時候一定又會大排長龍。

　　既然這樣，大家只好先去玩玩附近的水上逗趣船吧！雖然不是追求速度感的那種刺激設施，但坐在船上出其不意的一下轉彎、一下晃動，有時候還是會忍不住驚叫出聲，沒什麼人排隊或是想休息的時候可以來玩玩看。

　　因為我對迪士尼海洋實在太有愛了，每項設施都讓我留下挺深刻的印象，神祕島區域我推薦大家去搭「海底兩萬哩」，是全家大小坐在潛水艇中參觀海底世界，還能操控手電筒在黑漆漆的海底尋寶。我覺得它的效果做得非常逼真，你會感覺自己真的像在海底一樣，窗外的水中時不時還會冒出泡泡，其實只是玻璃窗裡面有水而已啦！

達菲熊餐廳秀，海上表演與煙火值回票價

　　迪士尼樂園有卡通明星的餐廳秀可以看，迪士尼海洋同樣也有喔，就是在「鱈魚岬錦標美食」上演的「摯友達菲」劇場，今年 2 月官方才剛翻新表演內容，我也還沒看過。不過大家不用擔心，這個表演的場次非常多，一共有 2 個節目，每 15 分鐘就會輪演一次，不需要提早一個月上網搶位置，用餐觀賞則限時 45 分鐘。

　　只是這個表演很受歡迎，因為能一次看到達菲熊、雪莉玫跟傑拉多尼三個人氣明星嘛！就算是平日，餐廳外頭也經常大排長龍，想觀賞的人還是提早排隊比較好，免得小朋友等得肚子太餓，開始哭鬧就掃興了。餐廳的位置在美國海濱區，外觀是一棟白色的建築物，十分好認，裡面分成兩區，一邊只提供用餐，另一邊才是表演區。這裡的餐點並不貴，最低 700 日圓就能吃到套餐，即便你沒打算看表演，也可以進來享用造型超級可愛的食物，有的餐具還可以帶走。

雖然迪士尼海洋的表演不像陸地 land 那麼多，但我覺得以整體的氣氛跟精采度來說，海洋 sea 比陸地 land 來得更棒。這裡不只是單純的遊行表演，還結合了水上的場地去做變化，氣勢看起來就非常浩大啊！

日夜間的大型表演只各有一場，場地都是在地中海港灣區，去年的日間表演是因應 15 週年推出的「閃亮心願之旅」，迪士尼的明星會從海上的三個不同地方分別登場，加上地面還有舞蹈表演，一時之間目不暇給，快看到令人眼花撩亂了！夜間的表演「Fantasmic！」則是結合雷射光、水幕、火焰等特效，明星們也會一一登場，小朋友更是從頭到尾哇哇叫個不停。

最後，同樣有全園區的「幸福滿夜空」煙火可以看，搭配異國風情的街景跟水光粼粼的港灣，在海洋 sea 看的煙火怎麼就是比在陸地 land 看要來得浪漫夢幻啊！大家記得一定要待到晚上，讓鮮豔絢麗的煙火做為一整天的完美 Ending，也會是一家人很棒的美好回憶。

Photo／Pixabay

還沒機會去威尼斯搭貢多拉的人，現在在日本也可以
搭到了，真的很有身在義大利的感覺耶！

Photo／Pixabay

地中海港灣的要塞探險，看起來也是很厲害的樣子，其實是偏向體驗型態的遊樂設施。如果你的小孩對駕船、大砲這種航海冒險很感興趣，我想這裡應該會是他的最愛！

攻略！

★ 海洋閃亮新星，達菲朋友史黛拉兔登場

今年 3 月底，達菲家族出現了一個新明星——史黛拉兔（Stella Lou），這是繼雪莉玫（Shellie May）、傑拉多尼（Gelatoni）之後，第三位誕生的達菲朋友，粉紫色毛茸茸的外表，身穿浪漫的藍色芭蕾舞澎裙，腳踩粉色緞面的芭蕾舞鞋，長長的耳朵上還綁著花花緞帶，實在是太可愛了！我想應該有很多人為了她直撲迪士尼海洋了吧！

史黛拉兔目前還沒有單獨的拍照見面點，想跟她拍照的話，可以到美國海濱區觀賞「史黛拉的彩車巡遊會面」，達菲跟米奇也會一起出現耶～活動只到今年 8 月底，想參加的人手腳要快！不過，官方也公告了自 2017 年 7 月 11 日到 2018 年的 3 月 19 日，會推出達菲的新秀表演，講的就是新朋友史黛拉兔的故事，看來這個暑假我就會到迪士尼海洋報到了，哈哈！

雖然從舞濱車站就可以步行到迪士尼海洋，但看
到滿滿都是米奇的單軌電車，說什麼也要搭一次
才行。

攻略！

★ 利用電車和渡輪移動，鐵腿掰掰不要來

迪士尼海洋占地比較大，每個區域中間又有海灣
相隔，在移動上不是那麼方便，玩了一整天下來，
走路走到鐵腿的機率很大！推薦大家可以多多利
用園區裡面的交通遊樂設施移動，特別是帶小朋友
一起去玩的家長，像我就覺得這個幫助超大的！

「迪士尼海洋電氣化鐵路」是從美國海濱區開到發現港區的高架電車，搭乘的時
候還會經過中央的普羅米修斯火山。「迪士尼海洋渡輪航線」則一路從地中海港
灣區、美國海濱區，最後到達失落河三角洲區，一口氣繞行了半個園區，趁的時
間一邊休息，一邊欣賞河岸沿途的景致，其實還滿愜意的呢～

★ 旅伴真的很重要

好的旅伴帶你上天堂，壞的旅伴會讓你……可能只記得生氣的回憶，所以旅行時有志同道合的人是滿重要的。有人愛吃美食，有人愛玩戶外活動，有人愛 Shopping，有人愛逛博物館，如果你把博物館咖和購物狂放在一起，大家不是很累？當然不是說喜歡藝術跟愛 Shopping 的人不能一起出去，只是彼此要互相配合；而且，出國前就要分辨什麼樣的人適合一起出國。

我常常負責朋友間旅行的規劃，因此碰過很多狀況，例如：我找了幾家飯店、幾家餐廳，跟旅伴們說：「請大家到時 share 費用。」在安排的過程中有人可能都沒有出聲，但兩個禮拜後我再說：「沒人出聲，最後期限，那我要訂囉！」就會有人說：「啊！這家餐廳好貴！」

為什麼不早說呢？

所以旅伴要嘛就找肯讓你全權處理的，要不就找有參與感的。

像有一年我的生日旅行全權交給佩甄處理，那次我好放鬆，因為她也是很會安排旅行細節的人。如果旅伴會幫你出謀劃策，或是旅伴跟你一樣會找資料，真的會玩得很輕鬆。

話說回來，負責旅行計劃有好處也有壞處，好處是他們全部交給你，你可以照自己的心意去規劃，壞處是有時候大家意見很多，造成糾紛，像我每次都會問大家的預算、想要什麼方式，有共識了，後面才比較不會有問題；可是有的旅伴可能當初漏掉訊息，就會覺得為什麼要買這麼貴的東西……例如我每次去美國的環球影城一定都買快速通關票（Front Of Line），但是 FOL 的票價並不便宜，我出國前就會跟大家講：我們一定要買，雖然價格貴了一點，但等於是用錢去買時間，不然一天可能只玩 2 個設施，光排隊，太陽就下山了。

出發前討論的時候，朋友可能沒看到或沒有想法，也就沒出聲，結果到了樂園門口，我們要買票，他們一家卻不想買，我傻眼了，我能體諒一家大小買起來真的很貴，但這不是在行前就講好了嗎？他們沒買的話，大家玩的 Tempo 是完全不一樣的，比如我們坐遊園車，有買 FOL 的人可能排 30 分鐘，但沒買的人可能要排 2 小時，等於我們搭完車了，他們還在排，我們要去下一個遊戲時，他們還沒排到……

所以真心建議大家，出國前要徹底溝通清楚，就算要開個行前會都別怕麻煩！

這個必買！

★ 達菲家族系列商品

達菲熊（Duffy）和他的好朋友們，向來是迪士尼海洋的超人氣大明星，可愛的程度連身為媽媽的人都會高度喊「超～可愛～！」來到這裡，達菲系列的周邊商品當然是必買不可，無論是大大小小的玩偶或吊飾、卡夾、雙面化妝包、造型提袋、文具、保溫杯等等，每一樣都無敵可愛。

鱈魚岬錦標美食到 7 月底都有限定販售史黛拉兔的套餐 SET，有草莓慕斯＋史黛拉紀念馬克杯，以及可愛提袋的套餐組。在迪士尼看到喜歡的周邊，我勸大家千萬不要猶豫，把錢掏出來就對了，免得沒買到等回家才後悔就來不及啦！

樂園控這輩子
一定要去一次的
奧蘭多環球影城 UNIVERSAL ORLANDO RESORT

地址 | 1000 Universal Studios Plaza Orlando, Florida 32819-7610
服務專線 | +1-407-224-4233
開放時間 | 09:00 ～ 21:00 （每日開園時間可能不同，請上官網查詢當日營業時間。）
官方網站 | www.universalorlando.com

Photo／艾瑪愛愛碎碎唸

Photo／艾諾亞愛碎碎唸

門票價格

幣值：美金（價格若有變動，以官網價格為準）

奧蘭多環球影城的門票價格有限定當季使用與任何時間都可以使用的分別，這裡列的是任何時間都可以使用的價格。若要準確的預估門票價格，還是要上官網選擇你的入園日期才能得知；官網上也有各種搭配飯店與藍人表演的活動套票可以選。

票種／天數	成人（10 歲以上）	孩童（3～9 歲）
1 日單一樂園	124	119
1 日雙樂園（環球影城＋冒險島）	179	174
2 日雙樂園（不跨園）	199.99	189.99
2 日雙樂園（可跨園）	254.99	244.99
3 日雙樂園（不跨園）	219.99	209.99
3 日雙樂園（可跨園）	274.99	264.99

快速通關票價格

幣值：美金（價格若有變動，以官網價格為準）

環球影城的快速通關票叫做 Express Pass，有 2 種價格：Express Pass 是一項設施只能使用一次；Express Unlimited Pass 可以無限次使用，但不是每項遊樂設施都可以使用 Express Pass。快速通關票的價格會隨著入園日期不同而變動，這裡列出的是最基本的價格。

票種／天數	Express Pass (1 天)	Express Unlimited Pass (1 天)
冒險島	49.99	54.99
環球影城	59.99	74.99
環球影城＋冒險島	64.99	84.99

這個必玩！

★ 龍的挑戰雲霄飛車享受腳底懸空 360 度翻轉
★ 小小朋友搭戴帽子的貓輕軌逛園區
★ 霍格華茲特快列車往來斜角巷與活米村
★ 到三根掃帚酒吧喝奶油啤酒
【限定】每年 10 月環球影城有萬聖節恐怖之夜，一
　　　　到晚上整個園區會變成終極鬼域，氣氛營造
　　　　得十分恐怖，膽大又不怕鬼的可以去挑戰。

　　身為一個樂園控，我在要 200% 誠心的推薦大家，此生一定要去奧蘭多玩一趟，這個城市位在美國佛羅里達州中部，有「主題樂園之都」的稱號，一聽就知道，這裡的主題樂園比其他地方都要多。

　　沒錯，奧蘭多的主題樂園數量可是全球 TOP1，不但有規模最大的迪士尼系列樂園「迪士尼世界」，這裡也是全世界第一個 Disney 米奇的家（可惜現在拆除了），還有迪士尼郵輪；同時有占地最大的環球影城「奧蘭多環球影城度假村」、同為集團連鎖的「樂高樂園」，以及許多個像「海洋世界」這樣的水上樂園，如果每天都在玩樂園，很有可能一個月還玩不完呢！你說這裡是不是樂園控的超級天堂？

　　當初去奧蘭多，我們安排了 11 天的時間，我覺得是非常剛好的天數，主要進攻迪士尼與環球影城的 7 個主題樂園，玩累了中間還可以休息個 1、2 大，留在飯店的游泳池泡泡水，或是到 Outlet 去血拼，隔天再繼續衝刺玩樂。奧蘭多真的太好玩又太好買了，這輩子一定要去啦！

環城影城，順時針玩進去

　　奧蘭多環球影城包括「佛羅里達環球影城」和「冒險島樂園」兩大園區，還有今年 5 月才開幕的「火山灣」（Volcano Bay），火山灣我還沒去。雖然沒有加州環球影城的導覽車，但這裡仍舊是全球面積最大的環球

影城，所以那時候我們買了 2 日雙樂園的門票，希望能好好玩個過癮。

　　佛羅里達環球影城的地標是最經典的地球，首先來說說這裡的玩法吧，一進去你會看到很巨大、很瘋狂的雲霄飛車：「好萊塢搖滾火箭」（Hollywood Rip Ride Rockit），它的軌道長達 1200 公尺，360 度翻來轉去的，加上搭乘者的腳整個懸空，我光在下面看就覺得好興奮，可惜 Emma 還不敢玩這麼刺激的設施，我只好放棄，推薦大膽的人一定要上去翻轉一下。

　　在環球影城園區，我建議大家依照順時針的方向前進，像我們是先從小小兵(Despicable me minion mayhem)開始玩，接著是史瑞克 4D 電影(Shrek 4-D)→變形金剛(Transformers: The Ride-3D)→木乃伊的復仇(Revenge of the Mummy)→洛杉磯大地震(Disaster)→新辛普森家庭(The Simpsons Ride)，最後是玩 ET 外星人(E.T. Adventure)。

　　這裡的遊樂設施很多，每個年齡層都有不少好玩的設施可以搭，我們這種帶著小朋友的家庭族群，就專攻比較幼兒科的項目了，例如：「伍迪啄木鳥兒童遊樂區」(Woody Woodpecker's Kidzone)，這是很安全的雲霄飛車，可以體驗像啄木鳥一樣的生活，外觀又十分亮眼繽紛，小孩一看到就會愛上。還有「好奇猴喬治」(Curious George)也是歷久不衰

Photo／艾蜜莉愛蜜絲旅遊

Photo／艾蜜莉愛蜜絲旅遊

Photo／英倫當媽碎碎唸

的兒童伴侶，玩法就是喬治會帶你到一個有數不完的球和突然冒出水的地方，可愛又驚奇。

　　其他設施就沒那麼幼幼班了，「木乃伊的復仇」是室內型的飛車，大部分在黑暗中行駛，時速高達 72 公里，跟開車的速度差不多。「洛杉磯大地震」也很經典，可以體驗到動作片裡的特效，還會請觀眾上台體驗地震，上面的石塊掉下來之後，再經過後製，你就變成劇中人了，不過可不是主角，只是臨演而已啦～喜歡辛普森家庭的要去春田市的阿莫酒吧坐坐，那裡喝得到荷馬最愛的達夫啤酒喔！

攻略！

★ 快速通關和提早入園

很多人會問到底該不該買快速通關票？我覺得要先看你規劃的遊園天數，如果是待 3 天 2 夜的話，玩 2 個園區時間還算充裕，不買快速通關票也行。如果你有時間上的考量，當然還是買快速通關票比較好，我會建議環球影城買 Express Pass，因為室內型設施比較多；冒險島才買 Express Unlimited Pass，可以盡情暢玩刺激度高的遊樂設施。

其實我有一個能提早 1 小時入園的祕技，那就是選擇入住環球影城內的旅館，總共有 5 間，比較高價的旅館還會贈送快速通關票喔！由於快速通關票的價格是浮動的，熱門的日子有時候甚至比門票還要貴，人數多的話，入住旅館可能比買快速通關票更加划算，而且也有接駁車送你到樂園，大家別忘了精打細算一下。

冒險島樂園，逆時針玩出來

　　冒險島樂園的地標是一座燈塔，正如它名字的意思，樂園的整體主題是一趟冒險和探索的旅程，從入口港 (Port Of Entry) 開始，總共有 7 座不同主題的島嶼環繞著中央的大湖。

　　可別以為冒險犯難只是大人的事，小朋友也是很嚮往冒險的啊！像是入口港右側的蘇斯港，就是以蘇斯博士著作為主題、針對小小孩設計的島嶼，是各種遊樂設施的縮小版與和平版，「戴帽子的貓」(The Cat in the Hat) 是這一區的主打設施，讓小孩搭輕軌逛樂園，也是我們待最久的地方。

　　如果大家像我們一樣是以小孩為主來行動，我會建議你可以逆時針玩冒險島樂園，從蘇斯港 (Seuss Landing) 開始，接著是失落的大陸 (The Lost Continent) →哈利波特的魔法世界→侏羅紀公園 (Jurassic Park) →卡通礁湖 (Toon Lagoon)，最後到漫威超級英雄島 (Marvel Super Hero Island)。不過，假如你是衝著哈利波特這區來的魔法迷，入園後當然要直衝目的地，就不用管什麼逆時針路線了啦！

Photo／Pixabay

Photo　Pixabay

　　冒險島最刺激的前三項設施，有兩項就在漫威超級英雄島上。「蜘蛛人驚奇冒險之旅」（The Amazing Adventures of Spider-Man），可以戴上 3D 眼鏡體驗蜘蛛人飛越高樓大廈的臨場感；「綠巨人浩克雲霄飛車」（The Incredible Hulk Coaster）的加速度超威，從 0 飆到 40 英哩只需要兩秒鐘，軌道上還有 7 個 360 度大迴旋，難怪每次經過底下都會聽到尖叫聲。還有卡通礁湖的「王牌騎警之大鋸齒瀑布」（Dudley Do-Right's Ripsaw Falls），那種高速俯衝、瞬間全身濕透的感受，不管玩幾次都只有一個「爽」字可以形容！

　　說實在的，冒險島適合小孩玩的設施並不多，大部分都是屬於大人的冒險，不過，我覺得漫威超級英雄島的超級英雄遊行很值得一看，現在的小孩都超迷漫威英雄角色的，很有可能連身為爸爸的老公也會露出粉絲的狂熱眼神。

哈利波特的魔法世界，奇幻迷必訪

　　介紹了落落長兩大段（就說奧蘭多環球影城很大吧），怎麼還沒提到最最最熱門的哈利波特呢？不得不說環球影城真的超「用心」，居然兩個園區都有哈利波特區域：在環球影城的是斜角巷，冒險島的是霍格華茲城堡、活米村和禁忌森林，中間還有霍格華茲特快列車可以連通，就是逼得我們一定兩邊都要去、而且還非得買跨園區的票才行，這也太會規劃了！

　　冒險島上的「哈利波特的魔法世界」是第七座開幕的島嶼，也比環球影城的斜角巷還要早開張，這裡最熱門的設施就是「哈利波特禁忌之旅」（Harry Potter and the Forbidden Journey）了，地點就在山崖上的霍格華茲城堡。由於不能使用快速通關票的關係，所以人潮一多就要排隊排很久，幸好排隊的時候還可以參觀城堡內部，簡直跟電影裡面一模一樣，連會說話、會動的照片也有，一點都不無聊。

Photo / Pixabay

　　另外，一走進屋頂終年積著白雪的活米村，我真心感覺自己變成魔法師的一份子了，除了瘋狂的拍照之外，第一件事當然是走進三根掃帚酒吧喝奶油啤酒啦！我本來想說，帶孩子玩樂園好累，來一杯啤酒真是透心涼，結果一喝——它不是台灣的沙士嗎？哈哈！

　　第二項瘋狂排隊又不能用快速通關票的設施，就是環球影城斜角巷的「哈利波特逃離古靈閣」（Harry Potter and the Escape from Gringotts）了，這是搭配動態技術影片的雲霄飛車，要跟哈利波特一起甩開巨龍，很有身歷其境的感覺。排隊的時候會經過古靈閣銀行大廳，看到一堆精靈煞有其事的在裡面辦公；盤踞在銀行屋頂上的巨龍從遠處就超級顯眼，氣勢強大到不行，那條龍噴出的火焰也是真的，噴火的同時還會發出吼聲，在斜角巷裡面都感受得到火焰的熱氣！

　　斜角巷是另一個忠實還原電影場景的區域，電影裡面有的商店這裡都有，從魔杖、長袍、魔法學書本、掃帚到魁地奇用品一應俱全，甚至連衛斯理兄弟的惡作劇商品也有啊！在這裡大肆採購一番的話，想變身成霍格華茲的 (偽) 學生是絕對沒有問題的。

Photo ／艾諾亞愛碎碎唸

Photo ／艾諾亞愛碎碎唸

★ 跨園專屬，霍格華茲特快列車

環球影城與冒險島的哈利波特區域都位在樂園的最裡側，但園區兩端並沒有相通，如果不想走一大段路、從兩個樂園的入口進出的話，不論你玩幾天，請大家一定要買「Park to Park」的跨園區門票，因為這樣才能到國王十字車站，在 9 又 4 分之 3 月台搭乘霍格華茲特快列車。

透過這個連結兩個樂園的快速通道，就可以搶先一步抵達熱門的遊樂設施，很適合沒有太多時間、想要一日攻略雙園的人，還有衝著哈利波特區而來的奇幻迷們。雖然跨園票比較貴，不過這裡是唯一可以搭到霍格華茲特快列車的地方，一來能體驗哈利波特從車站坐火車進霍格華茲的感覺，又能大大節省無法用快速通關票的熱門設施的排隊時間，還是很值得的。

Photo／Pixabay

 這個必知！

★ 輕裝簡行，可省寄物費

奧蘭多環球影城的大多數設施都會要求你在搭乘時不能攜帶包包，必須放在寄物櫃中，雖然有免費的寄物櫃，但逾時也是要收錢的，建議大家穿著有拉鍊口袋的衣服和褲子，或是掛個小腰包，放簡單的手機、零錢跟信用卡就好。即便要帶包包，也記得帶可防水的，因為園區裡有很多潑水的設施。

★ 單人通行道，省時快速

有的遊樂設施會有 Single Rider's Line 單人通行道，如果大家不必非要兩個人坐在一起，排單人隊伍會省掉很多時間，熱門的哈利波特也有喔！另外，環球影城一樣有設施排隊時間的APP，全區也都有免費無線網路，可以善加利用。

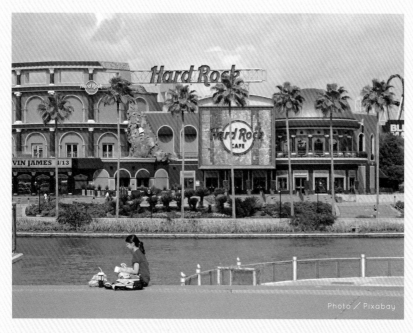

Photo／Pixabay

環球影城裡面有全球最大的硬石餐廳，裡面蒐集了很多搖滾樂團的物品，還有超拉風的跑車，到這裡好好吃一餐也不賴。

買翻 Outlet Go Go Go！

佛羅里達州 Orlando International Premium Outlets

地址 | 4951 International Dr, Orlando, FL 32819
電話 | +1-407-352-9600
營業時間 | 10:00 ～ 23:00（週日至 21:00）
網址 | www.premiumoutlets.com/outlet/orlando-international

Photo／艾諾亞愛碎碎唸

這裡是比較小的 Vineland Avenue Premium Outlets，我去的 International Premium Outlets 比這個更大。你問為什麼沒拍到照片，買東西都來不及了，還有時間拍照嗎？

這個 Outlet 原本不在我們的行程裡，那時候我不知道奧蘭多有 Outlet 可逛，只打算逛完紐約之後就轉到奧蘭多主攻樂園，BUT，玩樂園真的很耗體力，就算像我這麼愛玩樂園的人也覺得有夠累，所以在樂園跟樂園的中間，我們就選擇去逛 Outlet，也可以休息一下。

奧蘭多有兩家 Premium Outlets，一家在 Vineland Avenue，一家在 International Drive，在網站上比了一下，International 的這家有 180 家店鋪，Vineland 比較小，我們決定不要浪費時間，直接進攻最大的這間。

International Premium Outlets 裡面有兩間百貨公司，真的有夠好逛的！我買了泳衣、草帽，也買了小朋友的雷朋眼鏡。其中逛最久的應該是 Victoria's Secret，因為它很大間，除了內睡衣之外，還有香水跟化妝品。

美國是休閒服的天堂，當地品牌 GAP、Ralph Lauren 在台灣一件可能要好幾千元，但在那邊超便宜，我幫 Emma 買一件 Ralph Lauren 的羽絨衣，才 1500 元台幣。一件 T-Shirt 可能也才 1 塊多美金，不到 100 元台幣耶，一件洋裝也在 15 塊美金左右，真的很超值，去那裡玩不去 Outlet 會很可惜！

這家 Outlet 裡面也有 Disney's store，主要是小朋友的東西，可以逛逛玩具。許多台灣人喜歡的蠟燭品牌 Yankee Candle 也可以在這裡找到。

Photo／○○○○○○○○

 推薦逛逛

美國當地的品牌：Victoria's Secret、Calvin Klein、Ralph Lauren、Coach、Yankee Candle、Disney's store

熱情滿分！
陽光就是最佳玩伴的

迪士尼加州冒險樂園
DISNEY CALIFORNIA ADVENTURE PARK

地址 | 1313 Disneyland Dr, Anaheim, CA 92802 美國
服務專線 | +1-714-781-4565
開放時間 | 08:00 ～ 22:00（每日開園及閉園時間可能不同，請上官網查詢當日營業時間。）
官方網站 | disneyland.disney.go.com/

Photo / Pixabay

迪士尼加州冒險樂園是迪士尼度假區的兩個園區之一，隔壁就是迪士尼樂園，也就是所有迪士尼樂園中歷史最悠久的那一座啦。和其他的迪士尼度假區一樣，這兩個樂園的風格不太一樣，迪士尼樂園當然是經典中的經典，除了正中央最具象徵意義的睡美人城堡之外，還有著許多知名的遊樂設施，如卡通城、印地安納瓊斯、小熊維尼獵蜜記等等，氣氛也較為溫馨夢幻。

而迪士尼加州冒險樂園、也是我這篇主要想介紹給大家的樂園，就有比較多刺激度高的設施，大朋友會更喜歡這裡一些，汽車總動員天地(Cars Land)也是賣點之一；最重要的是，冰雪奇緣的主要場景就在這邊，如果你的小孩是 Elsa 迷，那就非來冒險樂園一遊不可了！

門票價格

幣值：美金 (價格若有變動，以官網價格為準)

1 日門票的價格會依入園日期不同而有高低，分為經濟、一般和尖峰 3 種，這裡列的是一般期間的門票價格。若要準確預估價格，還是要上官網選擇你的入園日期才行。另外，3 日以上的門票都會包含 1 次 Magic Morning 的優惠，可以選擇其中一天提早入園，不過在售票處購買的門票是沒辦法享有這個優惠的。

票種 / 天數	10 歲以上	3 ～ 9 歲
1 日單一樂園	110	104
1 日雙樂園 (加州迪士尼＋冒險樂園)	165	159
2 日雙樂園 (不跨園)	199	187
2 日雙樂園 (可跨園)	244	232
3 日雙樂園 (可跨園)	315	303

可抽 Fast Pass 的設施

加州尖叫(California Screamin')、高飛的空中駕訓班(Goofy's Sky School)、星際異攻隊―任務：絕地逃生！(Guardians of the Galaxy - Mission: BREAKOUT!)、油車水鎮大賽車(Radiator Springs Racers)、環遊世界翱翔之旅(Soarin' Around the World)、玩具總動員瘋狂遊戲屋(Toy Story Midway Mania!)、彩色世界水舞秀(World of Color)。

這個必玩！

★ 嘗試住一天迪士尼區內的飯店
★ 搭貝殼列車參觀小美人魚的海底世界
★ 皮克斯動畫角色遊行，蟲蟲世界探險
★ 坐上閃電麥坤到油車水鎮飆車
★ 夜晚的太陽摩天輪看彩色世界水舞秀

入住迪士尼飯店，享受提早入園

　　很多人都會問我，去迪士尼樂園玩要準備什麼樣的作戰計劃，才能玩得盡興、玩到所有想玩的遊樂設施？我在這裡告訴大家一個最有用的祕招，去任何迪士尼樂園都適用，只有最重要的三個字：早點去！

　　沒唬人，這是千真萬確的！要早點去才可以搶 FP，才可以趁商店還沒什麼人的時候趕快血拚戰利品。我在前面說過，玩樂園一定要有充足的體力，因為當天一定是早出晚歸，才不會浪費任何一分門票錢；如果能比其他人提早入園，不僅可以輕鬆玩到最熱門的設施，排隊玩一次、抽 FP 再玩一次，要攻略所有想玩的設施也很簡單。

　　除了一大早就跑到樂園門口等開門之外，要提早入園有一個更簡單的方式，那就是入住迪士尼度假區內的飯店，雖然這些飯店的住宿價格的確是不菲，但住客都可以享有提早入園的「特權」，像加州迪士尼 10 點開園，住客 9 點就可以進去了，有多達一整個小時能利用。沒辦法花 2、3 天以上暢玩樂園，就只好多花點摳摳了。

　　有一年只有我和 Emma 來加州迪士尼，又只有住一個晚上，我就想不如來住看看度假區內的飯店吧，旁邊就是 Downtown Disney，是迪士尼附設的購物商場，想逛街、想吃飯往那裡跑就對了。那晚從我們住的房間看出去就是冒險樂園，感覺真的挺新鮮的，如果你的預算考量不是太拮据，可以試著住一次迪士尼飯店，不過我建議住個 1 天就好，因為真的太貴了。

和小美人魚一起海底冒險，參加高飛空中駕訓班

　　照例還是先服務小小朋友，來介紹冒險樂園裡我很喜歡的 Peaceful 遊樂設施，就是給像我家 Emma 這種膽小鬼搭的啦！

　　其中我最推薦的是「小美人魚的海底冒險」（The Little Mermaid: Ariel's Undersea Adventure），裡面可以搭上可愛的貝殼列車，進入海底世界看小美人魚在底下的生活，以及與王子相遇相愛的故事，途中會看到很多海底生物，還有大反派烏蘇拉巫婆；最後小美人魚跟王子就過著幸福快樂的日子了。（我小時候看的故事裡，美人魚不是變成泡泡了嗎？）這個設施對大人來說可能有點無聊，不過小女生就是喜歡公主嘛，小美人魚也是公主啊，所以她們都超愛。

　　另外，「高飛的空中駕訓班」（Goofy's Sky School）也是我推薦必玩的設施，它是軌道車遊戲，大概是說高飛開了一間駕駛訓練班，可是大家都不太會開車，撞來撞去的，有一小段會升到有點距離的高空之中，其實不算刺激，可是 Emma 膽子好像是倒著長的，因為她小時候玩這個會笑得很開心，長大再搭的時候居然就哭了……（攤手！）

這裡的公主當然不只有小美人魚一位，超人氣冰雪奇緣裡的 Anna 和 Elsa、迪士尼第一位拉丁裔的阿法隆公主 Elena，在冒險樂園裡面也都見得到，別忘了帶小朋友去跟她們相見歡，這些快樂的回憶可以讓孩子們回味很久很久。

Photo ╳ Bonita 邦尼和我的甜蜜夢世界

皮克斯角色大遊行，蟲蟲危機 3D 冒險

　　另一個小朋友的最愛當然是遊行囉！冒險樂園的遊行 Pixar Play Parade 主題是皮克斯動畫裡的角色們，滿特別的，有怪獸電力公司、海底總動員、玩具總動員、超人特攻隊，還有壓軸的人氣角色──汽車總動員裡的閃電麥坤；不過有一部動畫的角色我一看到就覺得好懷念，那就是蟲蟲危機！大家有看過這部動畫片嗎？是在 1998 年上映的，這裡也有蟲蟲危機的主題園區 a bug's land 喔！

　　蟲蟲主題區內絕對不能錯過的是「It's Tough to Be a Bug」，這是由《蟲蟲危機》延伸的 3D 影片加實境秀，戴上 3D 眼鏡，你會覺得自己好像也變成了一隻昆蟲，一隻螞蟻會跟你介紹他的朋友，然後一起去冒險。3D 動畫和電腦特效，加上聲光營造，製造出 4D 的效果。

　　看完這個秀再往前一點點的區域，地上有小洞會沖水出來，小朋友可以帶泳裝去換，在那裡玩水。暑假的加州太陽很大，有一次去的時候小孩還很小，我們玩完水就直接把泳裝晾在推車上，一個上午就乾了，不用擔心沒地方曬。如果你沒有推車，就帶個袋子裝回飯店，晚上再洗也可以。總歸一句，小朋友只要有水可玩都很開心啦！

暢遊汽車總動員天地，油車水鎮大賽車必玩

　　每個迪士尼都會有一些經典的遊樂設施，像是印地安納瓊斯冒險、驚魂古塔之類的，這邊就不再多介紹了。我要強力推薦給大家的是，來迪士尼加州冒險樂園一定要到訪的區域，那就是 2012 年 6 月才開始營運的汽車總動員天地（Cars Land），是依照電影中的故事背景油車水鎮所打造出來的。

　　Cars Land 有一個冒險樂園中最多人想玩、排隊時間最長的遊樂設施：「油車水鎮大賽車」（Radiator Springs Racers），也是我要請大家手刀衝去抽 Fast Pass 的設施，否則排隊會排非常非常的久！可是我也要說，除了提早入園那一次，我每次來都沒有成功抽到 Fast Pass 過，然後都排了 2 個小時以上才玩到！吼～可是它真的好好玩！

　　雖然它是雲霄飛車，不過你搭的車子是閃電麥坤，一坐上去就覺得自己好帥喔，而且馳騁在一整座岩黃色的山頭，感覺真像在電影的場景裡面飆車，整個過程中只有速度感，沒有反胃的上下翻轉，連小朋友也會非常喜歡！難怪它的玩氣一直很旺，還被稱為「鎮園之寶」，大家要有心理準備，抽 FP 的時候動作要快啊！

　　玩完油車水鎮大賽車之後，別忘了好好逛逛 Cars Land，這裡無論日景夜景都非常有氣氛，十足的美國公路風格，超級道地，很值得早晚都來拍照。

Photo／Pixabay

Photo／Bonita 邦
尼和熊抱哥旅行世界

Photo／Bonita 邦
尼和熊抱哥旅行世界

Photo／Bonita 邦尼和熊抱哥旅行世界

攻略！

★ 看地圖掌握抽 Fast Pass 的地點

迪士尼樂園的熱門遊樂設施都有 Fast Pass 可以抽，加州迪士尼並不像奧蘭多迪士尼一樣可以用 App 預約，只能自己跑去抽，所以有一件很重要的事必須提醒：就是冒險樂園抽取 FP 券的機器，不一定是在該遊樂設施的地點喔！

像是油車水鎮大賽車的 FP 機器就在進園後不遠的瀑布對面，請記得看好地圖上標示的位置，才不會跑錯。另外，也可以下載「Disneyland Wait Times」這個免費 APP，掌握每個設施的排隊時間，方便預估遊玩的順序。

太陽摩天輪俯瞰高空，彩色世界水舞秀好感動

　　天堂碼頭（Paradise Pier）的太陽摩天輪（Mickey's Fun Wheel）算是迪士尼冒險樂園最明顯的地標了！它不只是摩天輪同時也是高空搖搖椅，因為上頭的位置分成兩種：固定式（Stationary）和搖搖式（Swinging）。Stationary 就是一般的摩天輪，Swinging 的車廂會在軌道上搖來搖去，很像在空中坐盪鞦韆的感覺，在下面等待的時候還會聽到上面的人發出尖叫，不會害怕的人坐這種比較有趣。

　　在摩天輪的後方，還有號稱全園區最刺激、最凶猛的雲霄飛車「加州尖叫」（California Screamin'），不但速度快、在上頭的時間也滿長的，太膽小的人玩完下來很可能會腿軟，可是心臟強的人一定要上去挑戰看看。

　　到了夜晚，太陽摩天輪會搖身一變成為「World of Colors」水舞秀的主場景，這是冒險樂園最有看頭的秀，聽說耗資 7 千 5 百萬美元，果然是非常厲害啊！整場表演使用了 1,200 個水柱，有雷射光、水舞、火焰、霧，還結合我們耳熟能詳的故事和迪士尼音樂《小美人魚》、《風中奇緣》、《美女與野獸》、《玩具總動員》等，比起其他迪士尼的煙火秀一點都不遜色，在現場真的會感動到起雞皮疙瘩，精采到不行！

Photo／Bonita 邦尼和魚抱腿旅行世界

Photo：Bonita 邦尼和熊先生旅行世界

★ 水舞秀也要抽 Fast Pass

提醒大家，「World of Colors」的水舞秀也要抽 FP 喔！這個跟遊樂設施抽取的時間是分開計算的，所以不用擔心抽了就沒辦法再抽其他設施的 FP。抽 FP 的地方在灰熊峰（Grizzly River Run）旁邊，上面會註明你分配到的位置，它是用顏色來分區塊的，有藍和黃兩色，聽說黃色的視野比較好，其實我覺得都 OK。表演的時間通常是晚上 9 點，假日有時 10:15 會再有一場。

團體出遊小眉角！

★ 給規劃行程的朋友掌聲鼓勵

有次帶一大群朋友去美國玩，行前某一天，我接到曾國城先生的電話，他非常慎重的說：「小禎，這次安排辛苦妳了。我已經 40 幾歲了，這輩子沒有去過美國，這是我第一次去！這短短的十天，妳要幫我安排得很精采！而且，妳要把這十天當成我人生最後十天。」然後問我，如果這是我人生最後十天，我會怎麼安排？

我聽了很冷靜的回答：「如果這是你人生最後十天，你就留在台灣好好處理你的後事啊！」然後他就罵了我幾句不好寫出來的話，哈哈哈～

但是說真的，我很高興那次行程圓滿，讓他非常難忘與開心！這就是為什麼我很喜歡幫大家規劃旅行，看他們到沒去過的國家，玩得非常開心盡興，讓我感到無比滿足、無比快樂！

所以我要對大家說，如果你是那種經常負責籌備旅行的人，那你真的很棒！代表你是願意付出的，你是邏輯能力很好的，你更是朋友們的珍寶。如果你身邊有朋友會幫你們計劃行程，也請你們珍惜他，因為做這些功課真的很累，肩負著大家旅行時的安全與歡樂，他們的壓力也很大，要適時給予他感謝與鼓勵，你們玩得開心就是他最大的安慰。

我在這裡要小小的紀念一下我最喜愛的經典遊樂設施之一「驚魂古塔」，因為從 2017 年 5 月 27 日開始，在冒險樂園再也玩不到它了！取而代之的是「星際異攻隊一任務：絕地逃生！」，這也是美國本土迪士尼第一個 MARVEL 的相關設施。有新的設施當然很好，但還是希望園方也能保留經典的設施嘛！

這個必買！

★ 達菲迷照過來，美國版別處買不到

達菲熊是從東京迪士尼海洋誕生的角色，一直都有很高的人氣，我也超愛的，雖然一開始只能在迪士尼海洋買到，不過後來也開放在其他的迪士尼樂園出現了。現在美國的迪士尼可以看到達菲熊和雪莉玫，冒險樂園裡就有一間達菲專賣店喔！位置就在天堂碼頭的入口處，裡頭的達菲熊都是美國風格的造型，跟迪士尼海洋的達菲很不一樣，如果你跟我一樣是達菲迷的話，別忘了進來挖寶。

買翻 Outlet Go Go Go！

加州 Desert Hills Premium Outlets

地址 | 48400 Seminole Dr, Cabazon, CA 92230
電話 | +1-951-849-6641
營業時間 | 10:00 ～ 21:00（週日至 20:00）
網址 | www.premiumoutlets.com/outlet/desert-hills

推薦逛逛

BCBG、Jimmy Choo、Yves Saint Laurent、Moncler、D&G、Giorgio Armani、Prada、Bottega Veneta、UGG、Diesel

祕訣　舒舒服服逛 Outlet

我自己逛街購物的風格是快狠準的，堪稱具有購物的鷹眼，只要進店裡花 10 分鐘掃描，就知道有沒有我要或我適合的東西，所以我逛街的節奏超快。

但也是會碰到那種一件 T-shirt 在身上比 3 小時還無法決定的朋友……我曾經跟朋友去逛 Outlet，我都已經把整家 Outlet 逛完了，他還在同一家店走不出來。

我要說的是，即使像我這種購物快狠準的人，還是覺得規劃行程時要留一整天在 Outlet，這樣大家可以逛得比較舒服。現在很多 Outlet 都有可以坐著聊天、吃喝東西的地方，完全不用擔心無聊，把 Outlet 當成樂園跟樂園之間的喘息休日是再適合不過的！

Desert Hills 是我人生中的第一個逛的 Outlet，那時候這間的範圍還很小，但是我上一次去已經變成好大一間，原本中間的停車場都加蓋起來了，整個超大。它還沒擴建之前，有一年我在台灣買了一件 Burberry 的羽絨外套，那年夏天我就在這家 Outlet 看到同一件外套，台灣賣 6 萬，那裡已經打 5 折變 3 萬，我簡直快昏倒。

　　這裡擴建之後又更好買了，有非常多大牌子：Jimmy Choo、YSL、Moncler、D&G、Giorgio Armani、Prada、Bottega Veneta……還有台灣人最愛的 Coach。我每次去戰利品都好豐富，幾近破產，哈哈哈哈。

　　上次去的時候，姐妹淘 Vicky 在那裡買了一件長版的修身 Moncler 雪衣，她本來猶豫不決，我叫她一定要搶，因為 Outlet 打折後 3 萬出頭，台灣可能要賣到 6、7 萬，此時不買更待何時？那一年我也買了雪衣跟雪褲，雪衣又更貴了，台灣動不動就 6、7 萬起跳，可是那件雪衣加上雪褲和手套，還有另外買的一些東西，總共不到 5 萬，我覺得好划算！

　　更別說 Jimmy Choo 的鞋子了，有時在 LA 的 Rodeo Drive 會打 5 折，還是一部分而已，店家也不會明確的跟你講，會把牌子放得非常小。去 Outlet 就有很多選擇，驚人的是，那可能還是台灣架上的商品！

　　去美國 Outlet 一定要逛的就是 BCBG，因為它是美國品牌，在當地比較便宜，和台灣差價很大，一件小洋裝可能就會差到 3、4 千元以上，打折品也都很新，最重要的是 Outlet 裡有很多走秀款 Show piece，一般人可能覺得花俏，但我們這一行的人會感覺挖到寶，我買到卡都刷爆了！

　　就我所知，這家 Outlet 是星期三進貨，建議大家星期三去，但不確定現在有沒有改變。記得，去各大 Outlet 幾乎都可以去服務中心拿再打折的 Coupon 券，也可以省不少錢。

料理鼠王坐鎮的

巴黎迪士尼樂園 DISNEYLAND PARIS

地址 │ 77777 Marne-la-Vallée，法國
服務專線 │ +33-825-300500
開放時間 │ 迪士尼樂園 10:00 ～ 23:00（Magic Hour 08:00 ～ 10:00）
華特迪士尼影城 10:00 ～ 20:00
（每日開園及閉園時間可能不同，請上官網查詢當日營業時間。）
官方網站 │ www.disneylandparis.com

交通指南

從 Les Halles 地鐵站搭 RER A 線往 Marne-la-Vallée Chessy，車程大約 40~45 分鐘。

門票價格

幣值：歐元 (價格若有變動，以官網價格為準)

1 日門票的價格會依入園日期不同而有高低，官網上可以查詢到日期的區段，大致來說，MINI 只有平日可以用，MAGIC 是假日和平日，熱門日期只能用 SUPERMAGIC，請確定你的行程再買票。另，建議在官網或旅行社先買好票，因為樂園門口的售價會貴很多。

票種 / 天數	成人（12 歲以上）	兒童（3～11 歲）
1 日單園 (迪士尼樂園或華特迪士尼影城)	SUPERMAGIC：73 MAGIC：63 MINI：49	SUPERMAGIC：66 MAGIC：56 MINI：42
1 日雙園 (迪士尼樂園 + 華特迪士尼影城)	SUPERMAGIC：88 MAGIC：78 MINI：64	SUPERMAGIC：81 MAGIC：71 MINI：57
2 日雙園 (迪士尼樂園 + 華特迪士尼影城)	147	130

可抽 Fast Pass 的設施

【迪士尼樂園】

巨雷山 (Big Thunder Mountain)、巴斯光年星際歷險 (Buzz Lightyear Laser Blast)、印地安納瓊斯的礦車追逐 (Indiana Jones and the Temple of Peril)、星際旅行：冒險繼續 (Star Tours: The Adventures Continue)、彼得潘的天空之旅 (Peter Pan's Flight)、星際大戰超空間山 (Star Wars Hyperspace Mountain)。

【華特迪士尼影城】

飛天魔毯 (Les Tapis Volants - Flying Carpets Over Agrabah)、小米實境歷險 (Ratatouille: The Adventure)、史密斯飛船雲霄飛車 (Rock'n'Roller Coaster starring Aerosmith)、驚魂古塔 (The Twilight Zone Tower of Terro)。

(巴黎迪士尼不會像東京或加州迪士尼一樣大排長龍，但還是會建議大家抽 Fast Pass 來節省時間。)

這個必玩！

★ 戴上 3D 眼鏡進行「料理鼠王歷險」
★ 到小米的餐廳吃鼠王煮的餐點（不是老鼠煮的，
　 是大廚煮的）
★ 幻想世界穿越愛麗絲夢遊仙境迷宮
★ 閉園重頭戲：煙火水舞秀
【限定】2017 年是巴黎迪士尼的 25 週年紀念，會
　　　 有一系列的活動。新版設施「星際旅行：
　　　 冒險繼續」啟用，迪士尼公主們也有自己
　　　 的表演秀：星光閃耀的公主華爾滋。

　　巴黎迪士尼樂園是歐洲唯一，也是美國境外第一個迪士尼樂園，更是全世界面積第二廣的迪士尼度假區，園區整體包括了迪士尼樂園（Parc Disneyland）和華特迪士尼影城（Walt Disney Studios Park）兩大部分。

　　Parc Disneyland 就有如美國版迪士尼的完美再現，睡美人城堡、遊行、煙火一樣不缺，不僅充滿了童話色彩與童趣，也集合了多種經典的遊樂設施。Walt Disney Studios Park 則是以電影和幕後製作為主題，像是知名的玩具總動員和料理鼠王都在這裡。

　　雖然巴黎迪士尼有的遊樂設施，美國的迪士尼大部分都有，不過我覺得這裡從城堡、花園到建築物細部裝飾的設計，都融入了巴黎優雅與精緻的品味，空氣中也多了一股浪漫的氛圍，感覺就是跟美國經典的迪士尼不太相同。身為一個熱愛迪士尼的樂園控，我認為還是非常值得特別來此造訪。

Photo / Pixabay

Photo / Pixabay

影城區：玩具總動員天地，小孩流連忘返

　　相對於迪士尼樂園而言，華特迪士尼影城的面積較小、營業時間也比較短，有時候甚至只開到晚上 6 點，所以我會建議你先從影城區開始玩。門口一進來，會看到影城裡最大的建築 Disney Studio 1，裡頭是好萊塢的街道，穿過這裡就算進到園區了，還會看到華特迪士尼先生跟米奇的雕像。如果你的目標是「料理鼠王」主題區的「小米實境歷險」(L'Aventure Totalement Toquée de Rémy)，請你一定要先衝去抽 Fast Pass，否則等你玩到這裡，人群早就大排長龍了。

　　影城區有不少刺激的遊樂設施，成人會覺得很好玩，「史密斯飛船雲霄飛車」(Rock 'n' Roller Coaster starring Aerosmith) 是這裡最猛的雲霄飛車，還有經典的「驚魂古塔」(The Twilight Zone Tower of Terror) 也等著讓你練心臟。

　　小朋友的話我推薦到玩具總動員 (Toy Story Playland) 這一區來玩，巨大的巴斯光年非常顯眼，保證是你家小孩會停留最久的地方，「衝天遙控車」(RC Racer)、「轉轉彈簧狗」(Slinky Dog Spin) 都很受他們喜愛。轉轉彈簧狗就是模仿玩具總動員裡的彈簧狗，坐在裡面不斷旋轉，很有趣又可愛，雖然這個香港迪士尼也有，但小朋友看到了還是會想去坐一下。

其他像以阿拉丁為主題的「飛天魔毯」（Les Tapis Volants－Flying Carpets Over Agrabah）、史迪奇的互動秀「會面史迪奇」（Stitch Live）也滿適合帶他們去玩的，雖然會面史迪奇看不到史迪奇本人，而是透過螢幕互動，小朋友還是覺得很開心。

影城區：獨家料理鼠王區，人氣破表

「料理鼠王」主題區域絕對是影城區的重點，這是巴黎迪士尼樂園獨有的區域，按照電影原版打造的巴黎小街道，造價超過1億5000萬歐元，有飛車冒險也有真正的餐廳，我猜很多鼠迷們應該去朝聖過了吧！

這裡主要的遊樂設施就是「小米實境歷險」（L'Aventure Totalement Toquée de Rémy）了，我們會搭著老鼠形狀的車，戴上3D眼鏡，跟著小米在餐廳和廚房裡冒險，3D眼鏡和設施的特效，讓我覺得自己彷彿也變成了一隻老鼠，很有身歷其境的感覺。由於小米實境歷險非常熱門，有時候連抽FP都要排隊，很想省時間的話，排單人通道的隊伍也是個不錯的選擇。提醒一下，抽FP的位置就在設施與紀念品店中間的走廊。

攻略！

★ 一日雙園最划算

巴黎迪士尼1日單園區和1日雙園區的門票價格相差不大，才15歐元而已，如果體力足夠的話，一次玩兩個園區會比較划算。由於迪士尼影城關園較早，所以可以先從影城區開始玩。不過，兩個園區之間走路大概要花20分鐘，要做好遊園路線的安排，避免太頻繁的往返兩個園區，盡量把一區玩完之後再移動到另一區。

另外，巴黎迪士尼提早入園的Magic Hour比其他迪士尼都要長，有2小時之久，等於10點開園，住客8點就可以入園了，但是只有迪士尼樂園（Parc Disneyland）可以提早進入，華特迪士尼影城（Walt Disney Studios Park）是沒有的。

　　大家知道嗎,《料理鼠王》的片名 Ratatouille 其實是一道法國菜「普羅旺斯雜燴」的名字,電影最後,小米在法國巴黎開了一間的溫馨小餐館,沒想到真實版的小米餐廳(Le Bistrot Chez Rémy)也出現了!為了符合小米的好廚藝,迪士尼請來米其林三星主廚主導整個美食團隊,餐廳走老式的巴黎風,裡面有各種巨大化的餐具、盤子,天花板也是一片片大葉子,我真的覺得自己縮小了。小米餐廳不但裝潢令人驚奇,也挺好吃的喔!推薦大家抽完 FP 之後,先去餐廳預約午餐或晚餐。

　　這裡的瑪莉安娜紀念品店(Chez Marianne)也非常值得仔細逛逛,除了一般迪士尼的紀念品,這裡有很多以巴黎迪士尼主題設計的餐具跟家飾用品,造型既簡潔又時尚,真不愧是巴黎人的風格!最特別的是還有《料理鼠王》廚藝顧問推出的食譜,推薦大家買簡易版的就好了,圖文並茂。

　　還有,我覺得鼠王區的夜景比日景更美,力推入夜之後,大家一定要再繞過來這區逛一遍!

Photo／HANA半上流社會

樂園區：經典設施再升級，怎麼都玩不膩

　　進入迪士尼樂園的大門後，第一個看到的是園區內的迪士尼飯店，可愛的米奇大鐘加上細緻的建築裝飾、尖頂，真的很有宮殿或古堡的氣息啊，不愧是身在歐洲。穿過寬敞的小鎮大街（兩側都是販賣商品的店家）之後，迎面而來的就是全世界迪士尼最高的睡美人城堡了，是將近加州和香港迪士尼的兩倍高喔！這座睡美人城堡是可以進去參觀的，裡面有許多漂亮的雕塑跟彩繪玻璃，上頭是介紹睡公主的故事；逛完記得爬上城堡二樓，整個樂園的景觀一覽無遺，視野超棒。

　　樂園區的設施項目雖然比影城區還要多，但大部分是適合小朋友玩的「溫和」路線，不少都是搭車看影片、有造景讓人拍照這種。其中我們逛很久的設施是幻想世界的「愛麗絲夢遊仙境迷宮」（Alice's Courious Labyrinth），這是一個滿大的迷宮，要穿越迷宮才會到達終點紅心女皇的城堡。旁邊還有「瘋帽子旋轉杯」（Mad Hatter's Tea Cups），就像我們的咖啡杯一樣。果然無論是哪裡的迪士尼，這一區都是小孩的最愛。

Photo／Pixabay

　　刺激的遊樂設施，我推薦大家可以去玩「巨雷山」（Big Thunder Mountain）跟「太空山 Mission 2」（Space Mountain: Mission 2），這兩項雖然其他地方也有，可是這裡的巨雷山有夠好玩的，時間也比別的迪士尼還要長；太空山也是 2.0 進化版，比之前的太空山過癮多了。巴黎迪士尼樂園排隊的人潮不比其他迪士尼多，真的可以盡情暢玩這些經典的遊樂設施。

Photo／Pixabay

Photo／

Photo／

表演、遊行翻新，閉園煙火人氣破表

　　2017 年是巴黎迪士尼的 25 歲生日，園方特別翻新了星際旅行這項設施，推出「星際旅行：冒險繼續」（Star Tours: The Adventures Continue），我還沒去玩過，不過看官網介紹，氣勢好像滿磅礡的。

　　另外，巴黎迪士尼樂園的遊行常被迪士尼迷嫌不夠精采，其實我自己覺得還滿不錯的啊！可以看到很多在美國、日本不常出現的角色，像是愛麗絲夢遊仙境、木偶奇遇記、小飛俠、獅子王等等。這次配合週年慶，遊行會有全新的大花車上場，迪士尼的公主們也會推出自己的表演秀，在睡美人城堡上演「星光閃耀的公主華爾滋」（The Starlit Princess Waltz）。

Photo／Pixabay

Photo／Pixabay

樂園區晚上的重頭戲，就是以睡美人城堡為中心的煙火了，是閉園的時候才開始施放，搭配水舞跟迪士尼童話故事的聲光表演，真的是等待再久也值得啊！歐洲的日夜溫差比較大，特別是冬天，入夜後氣溫會下降很多，大家一定要幫小孩帶保暖的外套讓他們穿上，才不會感冒。

　　因為歐洲天黑得比較晚，玩巴黎迪士尼待到 10 點、11 點是常有的事，如果擔心治安問題，要搭地鐵回旅館的人，可以跟著離園的人潮行動，其實還滿安全的喔！

這個必買！

★ 巴黎迪士尼限定，料理鼠王主題商品
既然到了獨家的鼠王區，當然要買巴黎迪士尼才有
的料理鼠王商品啊！（女人對「限定」二字毫無抵
抗力！）推薦在 Chez Marianne 紀念品區入手料
理鼠王廚藝顧問推出的簡易版食譜，和以巴黎迪士
尼為主題設計的時尚餐具，實用又具紀念價值。

chapter 3

親子遊首選！
一天就玩透透的中小型樂園

- 大阪環球影城
- 東京三麗鷗彩虹樂園
- 馬來西亞樂高樂園
- 新加坡環球影城
- 香港迪士尼樂園

一玩再玩還是很興奮的

大阪環球影城 UNIVERSAL STUDIOS JAPAN

地址 | 〒554-0031 Osaka Prefecture, Osaka, Konohana Ward, Sakurajima, 2 Chome-1-33

服務專線 | +81-570-200-606

開放時間 | 08:30 ～ 22:00（每日開園及閉園時間不同，請上官網查詢當日營業時間。）

官方網站 | www.usj.co.jp/tw/

交通指南

| 電車 | JR 環球城車站 | 至 JR 西九条車站轉搭櫻島線（JR 夢咲線）。 |
| 巴士 | 近鐵環球城市飯店 | 至第一航廈的 3 號巴士站，搭乘利木津巴士可達。 |

門票價格

幣值：日圓（門票價格若有變動，以官網價格為準）

	大人（12 歲以上）	兒童（4～11 歲）	長者（65 歲以上）
1 天入場券	7,600	5,100	6,830
2 天入場券	12,800	8,620	-

※ 假日包括周末、法定節假日及三麗鷗彩虹樂園認定的學校假日

快速通關票價格

大阪環球影城的快速通關票叫做環球特快入場券（Universal Express Pass），依使用設施數量的不同，可分為環球特快入場券 7、環球特快入場券 4 及環球特快入場券 3。

特快入場券可以先在台灣向旅行社買，或是到影城現場買，不過每天的數量是有限，賣完就沒了。以下僅列出特快入場券的價格，詳細的使用設施組合，以及有販售環球特快入場券的旅行社，大家可以上官網查詢。

| 環球特快® 入場券 7 | 5,000 起 |
| 環球特快® 入場券 4 | 7,400 起 |

【注意】有些旅行社有賣「VIP 入園手環」，在開園前 15～60 分鐘抵達，可以憑手環走 VIP 專屬通道提早入園，不過手環是沒有快速通關功能的喔！購買前一定要看清楚。

幣值：日圓（門票價格若有變動，以官網價格為準）

這個必玩！

★ 到日本限定的 Universal Cool Japan 專區一遊
★ 在「環球奇境」搭史努比雲霄飛車
★ 哈利波特魔法世界體驗「鷹馬的飛行」
★ 玩「蜘蛛俠驚魂歷險記」，在紐約街頭奔跑
★ 揹一桶小小兵爆米花，和滿街小小兵合照

日本大阪的環球影城是亞洲第一個正式開幕的環球影城，面積也比新加坡的環球影城還要大，這裡不但有魔法迷最愛的哈利波特園區，在今年4月，全球最大的小小兵主題區也開幕了，讓大阪環球影城的好玩度瞬間又上升了超超超多個百分點！

　　我真心覺得日本的環球影城十分懂得行銷與經營，除了門票和特快入場券之外，又販售了提早入園的 VIP 手環；人多的時候，想進入哈利波特園區還得先抽「保證入園券」；再加上每半年更新一次的 COOL JAPAN 專區，還有最近推出的「疾疾，護法現身」夜間秀，各種期間限定的規定或活動，簡直是想逼死我們這些樂園迷，每隔一段時間就想往大阪環球影城跑！

日本限定，COOL JAPAN 不斷進化

　　提到日本的環球影城，一定得先介紹這裡的「UNIVERSAL COOL JAPAN」園區，這也是它與其他環球影城最大的不同之處。這個區域是以日本自己體系的卡通和設施為主，每半年就會更換不同的主題，對於喜歡日本動漫的人來說，這可是必訪的一個園區。像我們去的時候有卡莉怪妞，今年上半年的主題則是新世紀福音戰士 XR 飛車、魔物獵人、進擊的巨人、名偵探柯南和哥吉拉。

　　「妖怪體操 The Real」也是大阪環球影城特有的表演，The real 代表有真人，小朋友可以和出現在眼前的怪物一起跳體操，怪物也會跟小朋友互動。我們一致認為吉胖貓超可愛的，看著小朋友很熱情和妖怪們一起跳體操的樣子，我自己的童心也爆發了，差點也要跟著左搖右擺起來。其實這個也是期間限定的活動，不過因為大受遊客好評，目前是延長到 2018 年的 3 月底，大家可以把握時間，親身去體驗一下。

小孩最愛 2 大明星，史努比與小小兵

　　如果你是帶小小孩來大阪環球影城的人，建議你直奔「環球奇境」這一區，這裡根本是為小孩量身打造的夢幻天堂，有很多安全的遊樂設施可以玩。像是史努比電影工作室區的「史努比雲霄飛車大競賽」，雖然是給小朋友玩的，速度感還是滿夠的，或是一下高一下低的「飛天史努比」，光是搭乘的巨型史努比就可愛到不行，有趣又好玩。室內區也有很多互動設施，好多小孩都在這裡玩瘋了，超歡樂的。

　　Snoopy 對面是「Hello Kitty 蝴蝶結大收藏」，這裡是 Kitty 的工作室，可以看到不少 Hello Kitty 的周邊商品，喜歡 Hello Kitty 的小孩應該會很愛。芝麻街這一區還有小孩版的賽車，車子還有分大小台車喔！看著超級小的孩子在軌道賽車場裡開車的樣子，有種逗趣的感覺！

　　小小兵區則隨時看得到滿滿的小黃人在街上遊走，和你拍照，到這裡一定要買爆米花吃，它的爆米花桶是很經典的商品，每逢特殊節慶還會推出限定版。揹著一個小小兵爆米花桶，看著他們在街頭表演，既可愛又瘋狂的樣子，想不愛上他們都很難啊！

攻略！

★ 善用「預約乘坐」券，減少排隊時間

「環球奇境」區可以抽取「預約乘坐」券，以減少小朋友排隊等候的時間，總共有 5 種設施可供預約，依照預約券上的時間抵達，就能直接走專用入口進去玩遊樂設施囉！「預約乘坐」券在晚上 6 點之前開放抽取，是免費的，帶小孩的爸媽要好好利用。

哈利波特園區,熱門度不減

　　園區裡 Emma 玩得最開心的,應該是哈利波特魔法世界裡的「鷹馬的飛行」。雖然她已經十歲了,但有一次她在美國的太空山被裡面的黑暗嚇到之後,就再也不敢坐刺激的雲霄飛車。幸好鷹馬的飛行算是小孩版的雲霄飛車,沒那麼恐怖也沒那麼快速,連小孩都能接受,怕刺激的朋友可以嘗試看看。

　　不過,這項設施非常熱門,每次去玩人都超多,和「禁忌之旅」一樣,都要排隊排很久才玩得到,如果要去哈利波特魔法世界,建議大家一定要買快速通關。

　　「禁忌之旅」是在霍格華茲城堡裡面,屬於 4DX 特效,劇情是坐上掃把,跟哈利波特一起打魁地奇,過程十分驚奇有趣,掃把也會隨著劇情上上下下或往前移動,連火龍噴出來的火都有熱度,就像真的進到哈利波特的魔法世界。

★ 哈利波特魔法世界，保證入園券

在遊客較多的擁擠日子，如果沒有買哈利波特魔法世界裡遊樂設施的特快入場券，要進入這個園區的話，必須事先選購包含「保證入園券」的套票，或是入場後到「中央公園」領取，再指定你要入場的時間，按照那段時間憑券入園。注意喔，每個時段的張數是有限的。

最愛蜘蛛俠歷險，最想與小小兵一起出遊

而我最喜歡的遊樂設施是「蜘蛛俠驚魂歷險記」，因為我太愛車子在紐約街頭衝來衝去的刺激感了，裡頭的特效技術超逼真，幾乎讓人分不清楚現實跟虛擬，真的很像親歷其境。官網寫說它是史上第一個連續 7 年蟬聯世界第一的頂級遊樂設施，是不是很厲害？其實這也是大人小孩都能接受的設施，不過小孩要身高 102 公分以上才可以坐。

「水世界」我也想推薦一下，雖然日本美國都有，內容大同小異，這幾年也沒變過，但每次去還是覺得非常好看耶！這個表演秀是刺激的特技表演，特技人員會駕著水上摩托車和快艇在水面衝刺，還有水上槍戰跟爆破，當替身演員從很高的地方跳下來時，我還是會忍不住跟著全場「哇！」一聲，每次看都感到很震撼！

另外，一定要幫大家介紹最新的「小小兵瘋狂乘車遊」啦！這項設施

是使用 Hybrid 5K 影像，不用戴 3D 眼鏡就能有 3D 的感受，光聽就覺得很酷！設施的入口就在神偷格魯的家兼研究室，裡頭還是超過 20 公尺的球型螢幕，想必整場歷險過程應該是非常逼真又立體，啊啊啊，越說越想馬上飛奔到小小兵樂園去了啦！

攻略！

★ 上網看入園預估人數

大阪環球影城大多數的遊樂設施都很熱門，只要是有人氣的設施一定會排隊。網路上有影城的人數預估網站，假如當日人潮一般的話，通常都能在一天內玩完整個園區，如果是顯示紅字，請一定要買快速通關。

上網搜尋「環球影城預估人數」就會有好幾個搜尋結果可用，這是其中之一，給大家參考：park14.wakwak.com/~usj/kon.htm。

🏪 這個必買！

★ 小小兵爆米花桶 & 造型食物

隨著小小兵樂園的開幕，園區內也推出了各種小小兵的限定商品與食品，其中最難搶的就是小小兵的限量爆米花桶！像是圖中賣香蕉口味爆米花的這一攤，就有開幕限定的國王 Bob 小小兵款，據說要抽整理卷才買得到啊！是有沒有這麼難買？你說這樣是不是非買不可！

其他還有各種小小兵造型的食物，例如夾心餅乾、瑞士捲、漢堡、吉拿棒、冰淇淋等等，種類多到都快數不完了，再怎麼說也要吃個幾種才值回票價嘛～

買翻 Outlet Go Go Go！

日本大阪 Rinku Premium Outlets

地址 | 〒 598-8508 大阪府泉佐野市 Rinku 往來南 3-28
電話 | +81-72-458-4600
營業時間 | 10:00 ～ 20:00
網址 | www.premiumoutlets.co.jp/cht/rinku/

Rinku Outlets 逛起來很舒適，是日本人最愛的仿歐式氛圍。這裡分成兩個區域，一區是以品牌為主，大約有 80 幾個國際品牌與日本國內品牌，另一區比較偏向家庭親子品項，有很多小朋友的東西。

其實日本的舶來品本來就比較貴，大牌子在 Outlet 不一定比較便宜，加上因為國情的關係，有時候那邊的名牌都是上比較保守的款，像你就不會在日本的 Outlet 看到像歐美的那種 Show piece 或誇張的飾品，顏色也是安全色居多，所以我覺得如果你要在這裡買名品的話，很適合買上班族會穿到的衣服！

秉持著買東西就是要買當地品牌才會便宜的基本原則，在 Rinku 這裡就是買一些小孩的商品和很便宜的 Uniqlo 副牌 GU，比便宜又更便宜；至於藥妝店，絕對也是在日本採買必逛的。另外，日本的電器是觀光客的目標之一，這裡也有大集合。

對了，Rinku Premium Outlets 的 GAP 實在氣勢不弱，占地一整棟，如果你不打算去它的故鄉美國，真的很適合在這裡買，從小孩到大人都有，品項也很齊全，算是到這裡必逛的。

如果你是旅行的最後一天才來 Rinku 逛的話，可以考慮搬 Le Creuset 回台灣，LC 在這裡有櫃。我自己是沒買，想起來就沉甸甸，哈，小品項下次倒是可以考慮。

推薦逛逛

GU、GAP、Le Creuset、franc franc、藥妝、電器

卡哇伊！
讓女孩荷包大失血的

三麗鷗彩虹樂園 SANRIO PUROLAND

地址 | 東京都多摩市 Sanrio Puroland Tama-shi, Tokyo, Japan
服務專線 | +81-42-339-1111
開放時間 | 10:00 ～ 20:00（每日開園及閉園時間不同，請上官網查詢當日營業時間。）
官方網站 | cn.puroland.jp/

Photo × 三麗鷗彩虹樂園

　　三麗鷗彩虹樂園就位在東京多摩市，搭電車去很方便，從多摩中心站出來之後，顯眼的 Hello Kitty 旗幟會一路引導你前進，抵達 Hello Kitty Street 再一直直走就會到囉！這途中還會經過巧虎廣場，因為出版巧虎的 Benesse 公司總部也在這條街上，喜歡巧虎的小朋友別忘了順便跟他拍個照。

　　我去彩虹樂園的時候只有跟佩甄、彩樺姐、甄莉和 Vicky 這群姊妹們，比起迪士尼或環球影城那種遊樂設施很多的樂園，這裡的設施都是較為靜態的，但是整體的規劃和造景都做得很精緻，有少女心的大女孩、小女孩一定會很喜歡；加上有很好看的舞台劇、可愛度滿分的遊行，非常適合帶小小朋友去玩。

　　只是像 Emma 現在這種 10 歲的年紀，如果不是很熱愛 Kitty 的話，可能會稍嫌無聊一點點；不過，如果你的小孩是 Kitty、Melody 這些三麗鷗角色的粉絲，那就非來這裡不可了！

交通指南

電車	京王線	京王多摩中心站，從南口出來後步行約 5 分鐘
	小田急電鐵	小田急多摩中心站，從南口出來後步行約 5 分鐘
	多摩都市單軌電車	多摩中心車站，步行約 5 分鐘
機場巴士	京王多摩中心站	羽田機場至 5 號站臺乘車；成田機場第一航站至 4 號或 13 號站臺乘車，第二航站至 4 號或 14 號站臺乘車。

門票價格

幣值：日圓 (門票價格若有變動，以官網價格為準)

	大人 (18 歲以上)	兒童 (3～17 歲)
當日券	7,400	2,500
假日門票	13,200	2,700

※ 假日包括周末、法定節假日及三麗鷗彩虹樂園認定的學校假日

這個必玩！

★ 在車站跟名譽站長 Kitty 和站務人員合照
★ 一天一次「Miracle Gift Parade」奇蹟禮物大遊行
★ 到 Hello Kitty 的家作客
★ 搭飛機入境蛋黃王國
★ 享用卡通人物主題套餐

【限定】每年夏天 7 ～ 8 月的期間，三麗鷗彩虹公園都
　　　　會舉辦大型的「夏日祭典」，像是攤販盛典或
　　　　夜晚的燈光秀，有興趣的人要密切注意官網公
　　　　布的訊息。

多摩中心車站，滿滿三麗鷗明星

　　京王線的多摩中心站去年重新改裝，站內全是三麗鷗家族的人物，主
要人物都被分配到重要工作，其中由 Kitty 擔任名譽站長，布丁狗是組長，
大眼蛙和酷企鵝打掃檢查，Melody 是客服，Kiki&Lala 則維護月台安全；
所以大家一下車，Hello Kitty、Melody、布丁狗……就已經在車站歡迎
你了。

　　我覺得每個人物的個性都好適合他們的工作內容，像是每天懶洋洋又
漫不經心的蛋黃哥，果然毫無懸念的負責休息室，他一刻都不會離開休息
室，只要趴在那裡軟爛 (我也想要這種工作)，盡全力休息就好了！是不是
很有趣？

　　真的不誇張，車站內外滿滿都是三麗鷗明星的布置，有個月台的主
題是 Kitty，所以看板是 Kitty、電梯是 Kitty，連服務站的毛玻璃都是
Kitty 的大頭圖案，隔壁月台主題是布丁狗，連乘車標示什麼的也都是布
丁狗，可愛慘了！還沒走進樂園，就已經有超多東西可以拍了，記憶卡的
容量都要用掉一半了啦！

這個必知！

★ 帶嬰兒車需要寄放

三麗鷗彩虹樂園全部都是室內空間，裡面有很多樓梯和電扶梯的空間，使用嬰兒推車是不太方便的，館方也會請遊客在入園前先將推車寄放，寄放推車不需要收費，大家可以衡量一下是否需要帶推車去。

看 Kitty 奇異冒險，飄飄河遊園超可愛

三麗鷗彩虹樂園是室內樂園，下雨天來玩也不用擔心掃興，或是拍照看起來很狼狽。樂園門口一進去就是 3 樓的入口商店，這是園區內最大的購物廣場，販售各種三麗鷗明星的周邊商品，會把你錢包裡的鈔票通通變不見，實在是太危險了，可以等離開之前再來花錢。

搭著電扶梯往下走，1 樓是 PURO 村莊，遊行跟舞台劇表演都在這裡舉行，其中我覺得最特別的是這齣有寶塚劇團人員參與製作的童話劇「Hello Kitty 夢遊仙境」，Kitty 會和白兔凱爾跟她一起在奇異國度冒險，要找回被壞人搶走的女王之心。除此之外還有好幾個小型的舞台劇，氣氛都超級歡樂、熱鬧的。

樂園裡的動態遊樂設施不多，不是走雲霄飛車或自由落體那種刺激的路線，別忘了，這裡可是無憂無慮的夢幻之地！1 樓的「美樂蒂之路的兜風遊」是環保的美樂蒂小火車，可以遊覽美樂蒂居住的 MARILAND，可愛到爆炸。另一個是在 2 樓的「三麗鷗明星家族飄飄船」，能優雅的搭船遊園，河道兩邊都是可愛的三麗鷗明星家族，雖然河道會有高低起伏，不過一點也不刺激就是了。

Photo／三麗鷗彩虹樂園

Photo／三麗鷗彩虹樂園

攻略！

★ 不可錯過，一天一場的遊行

三麗鷗彩虹樂園的遊行表演一天只有一場，也是園內最精采、最夢幻的重頭戲，表演的時間大約是半小時左右，Kitty、Daniel、Melody、Kiki&Lala 等角色都會站在五彩繽紛的花車上出場，每個人物出來都會引起觀眾一陣尖叫。現在的遊行是為了紀念開園 25 週年而推出的「奇蹟禮物大遊行」，大家入園的時候要看好表演的時間，千萬別錯過了！

Kitty 之家和主人合照，搭飛機到蛋黃王國旅行

　　所有女孩來彩虹樂園最想做的一件事，應該就是去 Hello Kitty 的家參觀了吧，Kitty 家裡大從鋼琴、床鋪、餐桌椅、衣櫥和壁爐等等，小到鍋碗瓢盆、浴缸、蓮蓬頭，各式各樣的家具擺設全都有 Kitty 的圖案，喜愛 Kitty 的小孩一定會賴在裡面超久捨不得離開。因為進去參觀的人是以客人的身分去接受招待，所以 Kitty 最後會在出口的地方，以主人的身分跟客人一起拍照喔！感覺真的很像是 Kitty 的朋友耶，哈哈。

　　在這裡，每個三麗鷗的角色似乎都有專屬的區域，連最近這兩年很夯的蛋黃哥也有，而且它的專區設計跟其他角色很不一樣，不是那種比較夢幻、粉嫩可愛的風格，遊客必須搭飛機出入境才能進入它的「蛋黃王國」。一開始要先在入口處搭機入境，然後咻～的就到了蛋黃王國的鬧區，有餐廳、咖啡店、飯店，裡頭都有小遊戲可以玩，當然也可以盡情的拍很多照片，還能到販賣區購買自己和蛋黃哥的合照喔！啊啊啊～～～看它軟趴趴耍廢的樣子真的很療癒啊！

Photo／三麗鷗彩虹樂園

Photo／三麗鷗彩虹樂園

STORE 這個必吃！

★ 卡通人物特色食品

樂園的餐廳幾乎都在 4 樓，我認為選擇還
滿多樣化的，從大人小孩都適合的自助餐、夢幻
的大耳狗咖啡廳，到顏色像彩虹般繽紛的世界餐
廳，一時之間真的很難抉擇啊！不過裡頭的食物
都有共同的特點，就是造型可愛到讓你捨不得吃
下肚！

特別是 1 樓「卡通特色食品區」販售的卡通人物
主題餐點，像是布丁狗漢堡咖哩飯（布丁狗跟
咖哩的顏色超搭）、Kitty 漢堡套餐（漢堡上有
Kitty 形狀，餐盤還可以帶走）、蛋黃哥叉燒麵
（蛋黃真的是蛋黃哥本人），還有各種 Q 到不行
的卡通便當（便當盒一樣能帶走），等大家去的
時候再看看你們捨不捨得吃吧！

123

團體出遊小眉角！

★ 摸清朋友的習性

每個人的個性不同，旅行的玩法自然也不一樣。

有些人玩法很滿，像城城哥，把十天的美國行當做人生最後十天，要求每天都要充實。我們去 VEGAS 看秀的時候，表演通常分成兩個時段：7:30、9:30，他就想要一天看兩場，把秀全看完，但這實際上是不太可能的事，因為你從一個地方到另一個地方，要等散場、要拿 Valet（代客泊車），開出來再停車都需要時間。但這位親愛的大哥就說：那他穿運動鞋，看完第一場秀用跑的，後來證明真～的～很～趕，所以我們後來是挑幾部具代表性的秀看。

有些人就是像城哥這樣，喜歡充實，喜歡很滿的行程安排，覺得這次來就是想把能看的盡量看完。但有些人是屬於放空型的，睡覺要睡到自然醒，不管自然醒來是幾點。

其實我是屬於前者，我不會浪費時間在飯店睡覺，而會安排好時間，在行程內多看一些的東西，又不至於太過匆匆忙忙。有人是慢郎中，有人是急驚風，出國前記得多了解朋友的個性，也摸清他們的習性，看彼此適不適合一起出門。（有時候是一起出國就知道適不適合繼續做朋友，哈哈哈哈！）

買翻 Outlet Go Go Go！

輕井澤王子購物廣場
Karuizawa Prince Shopping Plaza

地址 | Karuizawa, 輕井沢町 Kitasaku District, Nagano Prefecture 389-0102
電話 | +81-267-42-5211
營業時間 | 10:00 ～ 19:00
網址 | www.karuizawa-psp.jp/tw

輕井澤王子 Outlet 大概是我看過最美麗的 Outlet 了，裡頭居然還有一座湖，
不論哪個季節的風景都有它的韻味，而且也真的滿好逛的。

　　我們去輕井澤滑雪的時候，旁邊正好就是這家 Outlet，裡面的滑雪用品應有應有，東西很齊全也滿便宜的，建議去那裡滑雪的朋友搭早一點的班機過去，在那裡把隔天滑雪要用的裝備買齊，畢竟台灣沒有這麼多滑雪用品可以選。例如滑雪愛好者應該都知道的 Burton，還有大家熟知的運動和戶外品牌 North Face、Nike、Adidas、Under Armour、Quicksilver，每個牌子都一區一區的排好，很有規劃。

　　除了運動品牌之外，還有日本人喜歡的 Burberry、Chloe、Jimmy Choo、Bottega Veneta、Bulgari、Lanvin、Yves Saint Laurent 等品牌，其中我覺得很特別的是 Lanvin 和 Bulgari 這兩個牌子，在 Outlet 很少看得到。

　　我們上次去的時候已經很晚了，這家 Outlet 又比較早關門，我們一群人算是光速衝進去選購，大家採分工合作的方式，比如城哥在 A 店、艾力克斯在 B 店，其他人在 C、D、E 店，大家都十分賣力的逛。艾力克斯看到超值的東西，就會大喊：「這邊有手套很便宜！」然後城哥也大喊：「欸！這裡褲子可以買！」需要的人就往那裡集合，超緊張、超熱絡！（我們沒吵到其他遊客，因為那時候挺晚了，店裡沒什麼人了。）

　　那次是很難得的回憶，外面下著雪，我們在裡面 Shopping，小孩們

在外面堆雪人，Outlet 的中間有座湖，雖然天氣很冷，可是景致真的非常美，逛街的時候心曠神怡；後來夏天有朋友也去了那裡，外頭的草地整片綠油油的，風景比冬天更加漂亮，真心推薦大家可以前往。

🏰 推薦逛逛

運動用品：Burton、North Face、Nike、Adidas、Under Armour
時尚大牌：Bulgari、Lanvin、Burberry、Chloe、Jimmy Choo

祕訣　帶小孩逛街心法

每次出國都會有大人的行程，也有小孩的行程，但是小孩的心思當然都在遊樂園上，普遍不會熱中逛街，我習慣出國前就會跟 Emma 說：「我們大人陪你們去玩小朋友的樂園行程，是不是你們有幾天也要陪我們？」
這是互相的，所以我們去 Outlet 逛街的時候，他們都能自得其樂的在那邊玩扮家家酒，玩老闆客人這些遊戲。他們很清楚「今天媽媽陪我出去玩，我們也要陪媽媽逛街。」
不過 Shopping 的行程我還是不會安排很久，畢竟小朋友的耐心跟理智都有限，他們的理智很容易斷線，哈。
還有一個方法，例如我們去巴黎迪士尼時，一到當地的第一天就先去 Outlet，小朋友知道不陪媽去逛街的話，隔天可能就沒有迪士尼好玩了，哈哈哈哈～雖然這是有點威脅的手法，但還滿好用的。
「欸～明天我們就要陪你們去迪士尼了，所以你們今天要陪我們逛一逛。而且我們可以去看看有沒有更好穿、更適合去迪士尼玩穿的衣服和鞋子啊！」跟他們好好溝通就對了！

不管是不是樂高迷都愛的

樂高樂園 LEGOLAND MALAYSIA

地址 | 7 Jalan LEGOLAND Bandar Medini Iskandar Malaysia 79250 Iskandar Puteri (Nusajaya), Johor Darul Takzim, Malaysia.

服務專線 | +607-597-8888

開放時間 | 主題樂園 10:00 ～ 19:00（有時為 18:00 閉園，請上官網查詢當日營業時間。）

水上樂園 10:00 ～ 18:00

官方網站 | www.legoland.com.my/zh-tw/

Photo／馬來西亞觀光局提供

　　馬來西亞樂高樂園是亞洲第一座樂高樂園，由樂高樂園、水上樂園和樂園酒店三個部分組成一個度假村，雖然地點位在馬來西亞，不過其實離新加坡很近。像我這樣的樂園控，會選擇把這個地點安排在新加坡的行程之中，玩完環球影城之後，只要花費少少的計程車費，就可以順道攻占樂高樂園，是不是既省時又省力！

交通指南

馬來西亞樂高樂園位在馬來西亞柔佛州，從新加坡過去比較方便，可以包車去。但跨國境的計程車不能直接在路上攔，奎因街（Queen Steet）巴士總站旁就有計程車站，一趟大概 40 元新加坡幣。

門票價格

提早 7 日以上購票，享有 8 折優惠。官網上不定時還會推出限時優惠，像我們去的時候就有購買 2 張門票，第 2 張半價的好康，大家出發前可以上去看看。

幣值：馬來西亞令吉 (RM)

	成人（12 ~ 59 歲）	小孩（3 ~ 11 歲）／樂齡（60 歲以上）
一日套票 （主題樂園＋水上樂園）	245	195
一日主題樂園	195	155
一日水上樂園	125	105
二日套票 （主題樂園＋水上樂園）	305	245

 這個必玩！

★ 被傾盆而下的水淋得滿身濕
★ 樂高版的小人國——小小世界
★ 上駕訓班開樂高車車，學習交通常識
★ 全家一起玩救火隊
★ 欣賞第一個由樂高玩偶現場表演的 4D 劇場

城堡般的樂高酒店，水上樂園小孩最愛

　　如果你真的十分喜歡玩樂高的話，推薦你一定要入住園區內的樂高樂園酒店，因為不僅酒店的外觀就是一座樂高城堡，一踏進大廳，眼前就是一艘超大的樂高海盜船，底下還有滿滿的免費樂高可以玩。而且酒店的每一層樓都有不同的主題套房，總共分為海盜、城堡、探險和幻影忍者 4 種主題，可以從裡面選擇自己喜歡的主題套房入住。

　　進到房間，你會發現裡面的擺設也是100％的樂高風格，從天花板到地板的裝飾毫不馬虎，還有各種角色扮演的道具，就連房間裡洗手乳、牙刷什麼的都有樂高圖案，超瘋狂的！酒店也會舉辦各種與樂高遊戲有關的活動，以及樂高角色的表演，甚至連游泳池跟餐廳都有樂高相關的設施，我覺得酒店本身就是樂高樂園的另一個主題園區了吧！不去住個一晚實在是太可惜了！

Photo／馬來西亞樂高樂園

Photo／馬來西亞樂高樂園

Photo／馬來西亞樂高樂園

水上樂園的區域就更不用說了，小朋友只要看到水就是會開心到不行，Emma 每次換好泳裝一定馬上飛奔去玩水，七、八月到水上樂園玩最消暑了。這裡有各式各樣的滑水道，漂漂河（裡面還有積木在漂）、人造浪也一樣不少，小孩一玩起來，一波又一波開心的嘻笑聲簡直沒有停過。

　　水槍區的最頂端有個黃色大水桶滿有趣的，裡面的水裝滿之後就會傾盆倒下來，好多人搶著站在水桶下面，等著水整桶倒下來整個人被水濕身，然後笑得合不攏嘴，雖然頭髮都在滴水，全身也濕透了，但看起來就很開心，我想這就是水上樂園對小孩的魔力吧！

Photo ／馬來西亞樂高樂園

迷你樂園，東南亞風格、星際大戰風格都有

　　樂高樂園內有七大主題區，遊樂設施聽說多達 70 種，雖然我並沒有認真去數（誰會去數？），但我真心認為這裡是個充滿童趣的國度，四處都是樂高拼成的大小造景（大人心中會很納悶，這些到底要拼多久？），無論你是 10 幾歲的小孩還是成年的大人，也不管你是不是樂高迷，看到這些用樂高拼成的「藝術」，都會讚嘆真是太厲害了！

　　世界各地的樂高樂園都會有一區「迷你樂園」，用樂高拼出各國知名的地標造景，就像我們的小人國那樣，馬來西亞的迷你樂園是以東南亞國家為主題，有中國的長城、柬埔寨的吳哥窟、印度的泰姬瑪哈陵、馬來西亞的雙子星塔、泰國的鄭王廟等等，這一區非常謀殺相機記憶體。

　　還有一個區域的造景我也滿喜歡的，就是「星際大戰迷你樂園」，裡頭模擬了 6 部星際大戰的電影和 1 部動畫片中的著名場景，總共用了超過2000 個樂高模型來建造，還搭配電影原聲帶的背景音樂，加上動作跟燈光，場景逼真到不行，星際大戰迷別忘了來這區朝聖。

Photo／馬來西亞樂高樂園

Photo／馬來西亞樂高樂園

Photo／馬來西亞樂高樂園

小小孩駕訓班，兒童版救火隊

　　樂高樂園內其實有不少寓教於樂的設施，這是我很喜歡這裡的一點，除了拼樂高能訓練腦部、手部的靈活協調能力，小朋友還可以體驗到駕駛、划船、救援等活動。

　　像「兒童駕駛學院」就是讓大人在旁邊觀看小孩學開車，他們會自己開著樂高車車，照著工作人員的教導：紅燈停、綠燈行。看到小孩跟車子一台接一台停在紅燈前面，我真的覺得好萌、好可愛喔！進駕訓班之前工作人員會幫小孩拍照，結業的時候就可以領到樂高駕照(但是要另外付費)。6 到 13 歲的小孩才能進入駕訓學院，6 歲以下的小小孩會有一個專區讓他們練習。

Photo／馬來西亞樂高樂園

另外「救援學院」也很好玩，不過媽媽會很累，這是一個消防遊戲，至少兩人一組同開一部車，到失火的房子前面用水柱噴水救火，一個人開車，另一個人拿水柱噴。最累的其實是開車的人，因為要拉推桿子才能讓車子前進，這工作當然是爸媽在做的，吼，推到我手都軟了，車子才會前進；水柱則是像幫浦一樣的東西，也是要努力壓才能噴出水來，總之玩完超累的，但過程非常有趣又好笑！

　　總結來說，由於樂園還是為了小朋友所打造的，這裡的遊樂設施不會真的非常刺激，其中最狂野的算是雲霄飛車的「龍之學徒」了吧，不過它既沒有 360 度旋轉、也沒有時速 100 哩俯衝，對喜歡刺激的人來說只是旋轉木馬的等級吧。其他還有很多很好玩的設施，有些是會碰到水的，例如坐水上飛機轉圈圈之類的。如果你只玩樂高樂園一個區域的話，就不需要帶泳裝了，旁邊會有 Body Dryer，整個人站進去可以快速烘乾，當然直接帶衣服讓小孩換更方便啦！

攻略！

★ 好萊塢編劇打造，4D 特效的互動表演

不只是遊樂設施，樂高樂園和其他主題樂園一樣，也有舞台形式的表演，我推薦大家可以觀賞「旋風忍者和陰影境界」，這是結合木偶劇、舞台特效、聲光和音樂等技術，再用最先進的 4D 特效組合的表演，現場還有噴水、噴霧、吹風的效果，舞台感受很豐富，看到巨大的樂高木偶演戲也很新鮮。重點是，這齣劇的表演劇本是由好萊塢的電影編劇所編寫，劇情真的滿精采的！

Photo／馬來西亞樂高樂園

Photo／馬來西亞樂高樂園

Photo／馬來西亞樂高樂園

Photo／馬來西亞樂高樂園

STORE 這個必買！

★ 樂高輕便雨衣
馬來西亞跟台灣的氣候有點像，夏天常常有午後雷陣雨，我在這裡看到可愛的樂高輕便雨衣，就覺得一定會用得上，不過圖案太可愛了，還是有點捨不得拿來用，哈哈！另一個是玩水上設施會需要用到的樂高大浴巾，實用之外還充滿了回憶跟紀念性。

精巧又好玩的
環球影城 UNIVERSAL STUDIOS SINGAPORE

地址 | 8 Sentosa Gateway, 新加坡 098269
服務專線 | + 65-6577-8888
開放時間 | 10:00 ～ 21:00 （每日閉園時間可能不同，請上官網查詢當日營業時間。）
官方網站 | www.rwsentosa.com/Homepage/Attractions/UniversalStudiosSingapore

photo：新加坡環球影城

交通指南

搭乘新加坡地鐵至港灣站 HarBourFront（NE1 / CC29），從 E 出口前往 Vivo City 怡豐城的 3 樓，轉乘聖淘沙捷運（Sentosa Express）到濱海站（WaterFront）。

門票價格

幣值：新加坡幣（價格若有變動，以官網價格為準）

	成人（13～59 歲）	兒童（4～12 歲）	年長者（60 歲及以上）
一日票	76	56	38

快速通關票價格

新加坡環球影城的快速通關票叫「優先證」（Universal Express），是需要額外購買的，分為優先證（僅使用一次）和無限優先證（無限次使用）。

幣值：新加坡幣（價格若有變動，以官網價格為準）

優先證（Universal Express）	30 起
無限優先證（Universal Express Unlimited）	50 起

指定使用設施

好萊塢劇院、史匹柏大導演主持的電影特效片場、芝麻街之義大利麵太空戰、變型金剛 3D 對決之終極戰鬥、《太空堡壘卡拉狄加》雙軌過山車：人類與機械戰隊、旋轉飛盤、木乃伊復仇記、侏羅紀河流探險、恐龍騎士、未來水世界、鞋貓劍客歷險記、史瑞克 4-D 影院、多話驢耍寶秀、小龍飛行學校、馬達加斯加：木箱漂流記、朱利安國王旋轉舞會。

 這個必玩！

★ 在「木乃伊的復仇」感受古埃及的神祕
★ 去「侏羅紀河流探險」爽快淋個一身濕
★ 進到《變形金剛》的電影場景讓柯博文來解救你
★ 心臟夠強的人搭「太空堡壘」時一定要選腳懸空的藍軌
★ 戴上 4D 眼鏡跟史瑞克一起去探險

新加坡環球影城就位在聖淘沙小島上，是全世界最小的環球影城，差不多 30 分鐘之內就能很快的繞一圈，真的挺迷你的。但是，千萬不要因為園區面積小就看不起它，我認為這裡很值得來，加上不像大阪環球影城那麼多人，其實非常適合帶小孩來玩！

　　影城一共有 7 個主題園區，從入口往左手邊走的話，順序分別是：「好萊塢」、「馬達加斯加」、「遙遠王國」、「失落的世界」、「古埃及」、「科幻城市」跟「紐約」。其中「馬達加斯加」和「遙遠王國」會是小朋友比較喜歡的區域，而愛好刺激的大朋友，應該偏好「科幻城市」、「古埃及」和「失落的世界」這幾區；所以走親子旅遊路線的人，我建議你照順時針玩，走年輕人路線的就逆時針玩吧。

好玩第一名，木乃伊的復仇

　　年齡大一點的小孩，記得一定要去古埃及區玩「木乃伊的復仇」，不騙你，真的非、常、好、玩！我在美國的環球影城玩過，到了新加坡還是覺得非玩不可。其實它就是雲霄飛車，劇情是搭吉普車進入古埃及探險，穿梭在一片漆黑的古埃及，裡面有快速的飛車、甚至還有爆破情節，就算我玩過很多遍，一樣會很期待劇情裡遭遇的危機耶！因此我封它為新加坡環球影城最好玩第一名，如果沒有排隊人龍的話，我一定會玩兩次以上！

　　小朋友可以去玩「尋寶探險」，搭著車子在古埃及找尋古物，算是溫和型的好玩囉！而且這一區的造景很有氣氛，四處都矗立著比人還高的胡狼頭人身雕像，拍起照來氣勢十足。這位埃及神祇叫做阿努比斯，就是死者前往死後世界途中的守護者，難怪會守在古墓前保護木乃伊啊！

Photo／pixabay

好玩第二名，侏羅紀河流探險

　　「侏羅紀河流探險」這個設施存在很久了，但是一直在精益求精，是搭著圓形的橡皮艇進入河流去探險，可以說是刺激版的漂漂河。漂流到後面，整艘船會往上升，再從高處往下滑，落到下面的時候，不但水花衝上來會把你濺濕，連旁邊的人也逃不了，一起濕透，所以玩這項設施一定要準備雨衣或替換的衣服。沒帶也沒關係，出來之後園區內還有大型的烘乾機，可以整個人站進去烘乾，雖然要花錢，總比不小心感冒要來得好。

　　「天幕飛行」也是我推薦要玩的遊樂設施，它是比較緩和的雲霄飛車，你會坐在無齒翼龍的翅膀下，讓牠帶著你飛翔，用史前鳥類的角度俯瞰整個失落的世界。這項在奧蘭多環球影城也有，不過上次去的時候天氣不好，沒有搭到。雖然天幕飛行的身高限制是 92 公分以上就可以坐，但對小朋友來說還是太恐怖了，我看到有小孩玩完之後整個嚇傻，要搭之前還是要斟酌一下。

好玩第三名，變形金剛 3D 對決之終極戰鬥

　　我有很多來過這裡的朋友都覺得，園區裡就屬「變形金剛 3D 對決之終極戰鬥」這項設施最好玩，不得不說它的 3D 特效真的很厲害，坐在車子裡戴上 3D 眼鏡，瞬間就進入《變形金剛》的電影場景，在驚險中靠著柯博文和大黃蜂解救大家，3D 動畫做得很讚，加上會隨著劇情噴霧、噴水、噴熱氣，整個血脈賁張、情緒很激動，投入到很想真心感謝變形金剛救了我們，哈哈。

　　「太空堡壘」有點可怕，據說是全球最高的雙軌雲霄飛車，它有紅軌和藍軌，紅軌代表人類（Human），是坐式的，比較溫和一點；藍軌代表機械戰隊（Cylon），雙腳懸空，過程中還會把人倒吊。在下面看到藍色、紅色兩台飛車在那邊交纏廝殺，車上的人都各自在亂吼亂叫，畫面很有趣，如果你怕太刺激不敢搭，站在下面看別人尖叫和扭曲的臉也滿好玩的。

到遙遠王國看史瑞克

　　遙遠王國(其實就是遠得要命王國)這區有歐風的建築,喜歡拍照的話,在這裡拍起來都很夢幻,自己也會很像是從電影中走出來的人物。這區主要的遊樂設施是「史瑞克4D影院」,我覺得滿值得一看的,戴上4D眼鏡跟史瑞克、菲歐娜公主一起探險,座椅也會跟著畫面做出摸擬的動作,讓人可以很投入在劇情裡。

　　還有馬達加斯加這區小朋友也會很愛喔!這裡的造景是電影裡馬達加斯加島上茂密的熱帶叢林重現,像「馬達加斯加:木箱漂流記」就是搭船體驗四個主角動物經歷過的冒險旅程,連影片也是由電影的原班人馬配音,非常用心。玩完還可以跟電影裡的主角們合照,像是愛力獅、馬蹄、長頸男、河馬莉、狐猴國王朱立安等等。另外像「朱利安國王旋轉舞會」也滿受歡迎的,其實就是馬達加斯加版本的旋轉木馬啊!

攻略！

★ 想看遊行與煙火秀，請挑週六和假日

新加坡環球影城的大型花車遊街及煙火秀，通常安排在星期六和假日，因為園區不大，會覺得這裡的遊行看起來格外溫馨呢！在「好萊塢夢幻巡遊」的花車遊行時，馬達加斯加、木乃伊復仇記、侏羅紀公園和史瑞克這些裡電影角色都在你面前跟著節拍舞動，看到華麗的花車一輛接著一輛，嘴角也會不自覺上揚喔！

離台灣最近的

香港迪士尼樂園
HONG KONG DISNEYLAND

地址 | 香港離島大嶼山香港迪士尼樂園
服務專線 | +852-3550-3388
開放時間 | 10:00 ～ 21:00（每日開園及閉園時間不同，請上官網查詢當日營業時間。）
官方網站 | www.hongkongdisneyland.com/zh-hk/

Photo／pixabay

　　香港迪士尼樂園是全世界迪士尼樂園裡最小的一個，卻也是離台灣最近的一個，加上現在飛香港的機票很便宜，大家看完介紹真的可以「心動馬上行動」，衝到香港迪士尼去玩個過癮。

　　樂園全區一共分 7 個區塊：美國小鎮大街、明日世界、幻想世界、反斗奇兵大本營、探險世界、迷離莊園和灰熊山谷，大部分的遊樂設施都很Peaceful，像瘋帽子旋轉杯、睡公主城堡、夢想花園、白雪公主許願洞等等，我覺得非常適合帶小小朋友去玩！

交通指南

| 港鐵 | 可從市區搭東涌線至欣澳，再從欣澳搭乘迪士尼線即可直達。 |
| 機場
（計程車） | 機場的士站搭藍色的計程車（大嶼山地區為藍色），車資大概 120 ～ 150 港幣，車程約 20 分鐘。 |

門票價格

購票地點：海洋公園正門、香港全線 7-11 便利店、海洋公園官網。

幣值：港幣（價格若有變動，以官網價格為準）

	標準門票 （12 ～ 64 歲）	小童門票 （3 ～ 11 歲）	長者門票 （65 歲或以上）
1 日門票	589	419	100
2 日門票	759	539	170

可抽 Fast Pass 的設施

「星戰極速穿梭」、「小熊維尼歷險之旅」、
「鐵甲奇俠飛行之旅」。（項目隨時可能更改。）

 這個必玩！

★ 到「夢想花園」跟米奇拍照
★ 搭「灰熊山極速礦車」飛越灰熊山谷
★ 參加絕地聖殿武士特訓
★ 和同伴去「巴斯光年星際探險」比積分
★ 跟著「迪士尼飛天巡遊」遊行隊伍一起跳跳跳

幻想世界，探訪睡公主與米奇

因為用語不同的關係，香港迪士尼有些設施的名稱不太一樣，但其實是相同的東西，像這裡的睡美人城堡叫做「睡公主城堡」，是仿造動畫《睡美人》的城堡而建，城堡外還有護城河和花，規格雖然小，但也太精緻了吧！晚上還有特製的 LED 燈照亮整個城堡，搭配炫麗的煙火和幸福的音樂，營造出被施了魔法般的夢幻感，來迪士尼就是追求這種感覺啊～

逛完城堡可以到旁邊的「白雪公主許願洞」逛一下，這裡有瀑布和噴水池的美麗造景，旁邊還有白雪公主和七個小矮人的白色大理石像，許願洞每隔幾分鐘會播放經典歌曲《I'm Wishing》，可以享受一下浪漫的氣氛。

帶小小孩來的話，我推薦帶他們去看「米奇幻想曲」，這是 3D 立體的音樂短片，演出的都是迪士尼最受歡迎的明星角色，很歡樂又老少咸宜。附近也有東京迪士尼人氣最旺的「小熊維尼歷險之旅」，我是覺得遊玩的時間沒有東京迪士尼的長，但也是精采又有趣，重點是不用排那麼久的隊。

直奔灰熊山谷，極速礦車最好玩

　　說真的，那些溫和的遊樂設施現在已經很難撼動我和 Emma 的心，如果提到香港迪士尼必玩的遊樂設施，我跟她都一致推薦「灰熊山極速礦車」，超～好～玩的，我們現在每次去都直奔灰熊山谷！

　　礦車會載著你飛越灰熊山谷，在漆黑的礦洞裡面穿梭，路上會遇見一個可愛的灰熊家庭，傳說挖金人就是因為他們的帶領才找到山中的金礦。接下來，礦車會開始無預警的改變軌道，還會不斷加速，爬上陡峭的山，快到達山頂時會有像纜繩突然斷裂的感覺，礦車會急速墜落，又一路跌跌撞撞，前進後退的，過程真的很刺激又很多狀況，我們玩再多次都不會膩。

　　上次去香港迪士尼的時候，那天下大雨，好多設施都關閉了，連最愛的「灰熊山極速礦車」也沒坐到，要離開之前，正好熊抱哥出來跟大家拍照，我們是最後一組合照的。拍完之後，小朋友看著熊抱哥毛絨絨的大身體，撐著一把小傘，身體有大半都淋到雨，落寞的往休息室走去，大家看著他的背影都看呆了，回家後說他們最記得的就是熊抱哥在雨中撐傘⋯⋯花了這麼多機票錢、門票，小朋友印象最深刻的居然是這件事，吼！

表演琳琅滿目，從早到晚不間斷

　　我抵達樂園的第一件事，一定是先研究當天的表演節目表，把想看的表演時間留下來，中間再去抽 Fast Pass 和玩遊樂設施。香港迪士尼樂園有很多好看的表演，在 7 個園區中像遍地開花一樣輪流登場。我最推薦的表演是「迪士尼飛天巡遊」和晚上的「迪士尼光影匯」夜間巡遊。

　　「迪士尼飛天巡遊」顧名思義，是花車跟上面的演藝人員會升到高空表演。你會看到小飛象車當前導，迪士尼公主們搭著天鵝形狀的飛船出現，綠傘兵跟在胡迪後面吊著跳傘，沿途還有雜技表演，夢幻裡帶著節慶的歡樂。

　　晚上的「迪士尼光影匯」結合神奇的光影和繽紛的色彩，就像是夜裡的狂歡會，貝兒、閃電麥坤、巴斯光年、胡迪、大眼仔和毛毛都會加入，在迪士尼就是這樣，每次活動都充滿歡欣鼓舞的氣氛，尤其當夜間花車的燈光亮起來，你會覺得心情也被點亮了！

　　其實在園區各處都有定時的小表演或見面會，在睡公主城堡可以見到灰姑娘和白雪公主、在童話園林可以見到奇幻仙子，還有艾莎、安娜等等，我們也有去找睡美人——奧蘿拉合照喔！香港迪士尼的園區雖然不大，我覺得還是滿熱鬧的，而且各種表演資訊在官網上都寫得非常詳細，算是做功課很方便的地方。

攻略！

★ 夢想花園的人物涼亭

幻想世界的「夢想花園」是只有香港
迪士尼才有的獨家景點，在這裡，小
熊維尼、布魯托、高飛、米奇米妮……
每一個迪士尼人物都有一個他們的專
屬涼亭，只要排隊就可以到涼亭裡跟
他們拍照了。

絕地聖殿武士特訓，巴斯光年比積分

　　如果你的小朋友喜歡《星際大戰》，可以去參加「絕地聖殿武士特訓」，這個活動很酷，是讓他們換上經典的武士長袍，接受絕地武士的訓練，當黑暗勢力入侵，小武士們就要以光劍迎戰黑武士，擊退基羅雷恩。在旁邊看著小朋友身披棕色長袍，手拿光劍，認真跟絕地武士比畫，你會覺得他們真的超可愛的啦！活動有限齡 4 至 12 歲的小朋友參加，在明日世界中的太空驛站的招募處登記，名額有限，想去體驗的可以早點登記。

　　另一個很有互動性的遊樂設施是「巴斯光年星際探險」，這個其實滿好玩的，在東京迪士尼或其他迪士尼也有，是搭上列車、拿起前方的造型槍打怪獸的射擊遊戲，每次成功擊中目標，手上的槍就會發出聲音和燈光，最後會像是比賽一樣統計分數，可以和同伴比比積分。通常大人都是不屑的開始玩，卻認真的結束。起初真的感覺有點無聊，可是成績出來後又忍不住覺得：「呃……剛剛應該認真玩的。」然後就會想要再挑戰一次了，哈哈！

攻略！

★ 專為樂園建造的港鐵迪士尼線

迪士尼線是專門為了香港迪士尼而建造的一條港鐵路線，從欣澳站出發後就直達迪士尼樂園。列車從窗戶到車上的吊環都是米奇頭的形狀，車廂裡還展示了迪士尼人物的銅像。如果大家是搭地鐵到香港迪士尼的話，就一定會乘坐這個可愛到不行的列車囉！

到迪士尼酒店變身公主，與明星一起用餐

之前有推薦過大家，如果預算足夠的話，可以選擇住宿在迪士尼園區內的酒店，有一次我們也住在香港迪士尼裡的酒店，發現不但房間的布置跟用品充滿了迪士尼的小細節，酒店裡也有不少好玩的活動能體驗。

像是 Emma 最喜歡的「魔幻化妝廳」，這裡有神仙教母會幫小女孩變身成公主，從髮型到服裝、皇冠什麼的都有，變身之後還會幫她們拍攝寫真照片喔！想變成愛莎、安娜、白雪公主、睡公主、灰姑娘都可以，公主的選擇性很多，最多只要 1 小時就完成了；如果是一早就去變身，還能當公主在迪士尼樂園玩一整天，保證其他小女生看著你的眼神一定充滿了羨慕！我記得 Emma 那天是變成貝兒公主，在樂園裡玩得超開心的。

在酒店裡的餐廳吃飯也有機會見到迪士尼的明星，我們選的是自助餐形式的翠樂庭餐廳，用餐到一半，廚師造型的高飛就突然現身，一桌一桌跟大家打招呼，還會很親切的和人合照，小朋友都興奮到不行，衝上去抱住高飛；不過也是有過小孩年紀太小，被迪士尼人物活生生走出來嚇死的例子。這些活動不是酒店的住客也能預約，只是住客可以提早比較多天預訂，不得不說香港迪士尼的服務真的很周到，本身就有許多玩樂活動跟設施了，難怪迪士尼樂園怎麼玩都玩不膩耶！

chapter 4

寓教於樂！

好玩又能學知識的複合型樂園

- 大阪海遊館
- 登別海洋公園尼克斯
- 新加坡夜間動物園
- 香港海洋公園
- 香港挪亞方舟
- 聖地牙哥海洋世界

聞得到海豹氣味的

大阪海游館 OSAKA AQUARIUM KAIYUKAN

地址｜大阪府大阪市港區海岸通 1-1-10
服務專線｜+81-6-6576-5501
開放時間｜10:00 ～ 20:00（依季節開園時間會有不同，請上官網查詢
當日營業時間。最晚入館時間為閉園前1小時。）
官方網站｜www.kaiyukan.com/

Photo / pixabay

　　世界各地的水族館很多，不過大阪海遊館真的滿有可看性的，它號稱是日本最壯觀的水族館之一，有 15 個以上的大水槽，展示了環太平洋各個區域的海洋生物，其中最大的賣點就是長 34 公尺、深 9 公尺、水量 5400 噸的巨無霸水族箱，裡頭就是世界上體型最大的魚類——鯨鯊！

　　我認為這裡還有另一個特色，就是你可以離動物很近很近，近到你直接可以聞到海豹味道的那種程度，聽得見牠的叫聲，還有牠敲冰塊的聲音。海遊館裡的生物都胖嘟嘟的、很活潑，在水中翻來滾去的樣子，看起來十分自在，小孩來玩也覺得很開心，我想，這就是我為什麼喜歡這裡的原因吧！

 交通指南

電車	地下鐵中央線	大阪港站，1 號出口出來後步行約 5 分鐘。
機場巴士	海遊館直達巴士	約 60 分鐘。
巴士	大阪市營巴士 88 路或 60 路	天保山港口村站下車即到。
環球影城 接駁船	船長線	從環球城港口搭乘接駁船約 10 分鐘。

 門票價格　　　　　　　幣值：日圓（門票價格若有變動，以官網價格為準）

年齡	3 歲以下	4～6 歲	7～15 歲	16 歲以上	60 歲以上
票價	免費	600	1,200	2,300	2,000

 這個必玩！

★ 參觀水獺、海豹、企鵝等動物吃飯
★ 在超大水族箱欣賞體積最大的魚類—鯨鯊
★ 跟企鵝面對面接觸
★ 親手摸魟魚，體驗滑滑的觸感

萌萌系水棲動物，水豚最可愛

　　海遊館一進去，你會先搭一道很長很長的手扶梯上到 8 樓，再慢慢的從上往下走。我們一看到日本森林區的水獺，就忍不住大喊：牠們好可愛噢！水獺們在水裡頭鑽來鑽去，或是在水上漂過來漂過去，泡泡頭，翻翻身，抓抓癢，啃啃手⋯⋯這種生活好令人羨慕啊！來這裡看水獺本人就會愛上牠們自得其樂的姿態。

　　不過我在海遊館認識又愛上的是另一種水棲動物，那就是水豚。牠長得像大老鼠，又像小豬豬，看起來懶洋洋的，做什麼動作都好淡定，連吃飯的節奏也慢條斯理的，感覺行事超冷靜，根本是冷面笑匠，萌爆了！

　　還有阿留申群島區的海獺，名字跟水獺有點像，牠跟水獺是同一科的，可是體型比水獺大多了，每天大部分的時間都泡在水裡，連睡覺也是，看到牠躺在水裡面的樣子，真的是很欠揍！

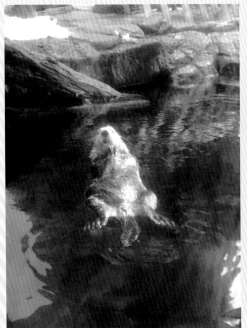

Photo / pixabay

近距離觀察，企鵝人氣最高

　　小朋友的最愛當然就是企鵝了（雖然我不太懂為什麼），海遊館當然也有企鵝。南極大陸區的國王企鵝的人氣超高，牠們體型非常大，不論是在岸上或在水裡游泳的樣子，小孩都看得好起勁，整個很入迷，果然是魅力第一名。還有北極福克蘭群島區的跳岩企鵝，牠們住在開放型的水槽，走近的話幾乎可以距離超近的跟牠們對望，水槽旁邊圍滿了小朋友，認真觀察牠們在石頭上蹦跳和游泳的模樣，氣氛很歡樂。

　　北極除了跳岩企鵝還有其他生物，這裡的明星動物是環斑海豹，在模擬北極海生活環境的圓頂型水槽裡，就會看到探頭張望的環斑海豹，那時候我才發現海豹其實長得很討喜，牠的五官長得好和氣，很像一直在對人笑。

大家吃飯了！餵食秀好療癒

　　館內最精采的活動應該是各種生物的餵食秀了。不知道為什麼，看動物們吃東西就是很療癒，小朋友看餵食秀可能是因為好奇心，會在旁邊發問、指指點點的，但大人們看純粹是用來撫慰心靈吧，我都看得入神了。用餐時間的活動有很多場，大家可以先選擇想看的生物，排一下順序，比較能掌握行程跟動線，不要錯過喜歡的動物們啊！

　　話說回來，大家分得清海狗、海獅、海豹、海獺等海字輩的朋友們嗎？我本來是分不太清楚的，海遊館中有非常多這一類的朋友，你認真遊覽過一次就會瞭解牠們大致上的差別了：海豹長得像貓，沒有耳朵；海獅有小耳朵和長長的鰭；海狗是海獅的一種；海獺是鼬科的家人，跟前面幾個海字輩的朋友都沒有關係喔！

　　我建議大家預留 4 小時左右的時間來參觀海遊館，由於天保山摩天輪就在旁邊，接下來還可以去搭摩天輪以及到購物中心吃飯，不用擔心用餐跟休息的問題。

攻略！

★ 摸魟魚體驗，感覺會是？

海遊館裡有一個互動區，可以讓遊客伸手觸摸海星、海參還有魟魚等等，跟海底生物來個親密接觸。小孩來到這裡會很興奮，可是你叫他們摸，他們反而會怕怕的，怕牠們會咬人，或怕牠們摸起來的觸感。不過一回生二回熟，裡面的魟魚都很溫馴，摸起來滑溜溜的，很像在摸寵物一樣。旁邊有工作人員會提醒大家要先洗手再摸，別忘了喔！

攻略！

★ 生物們的用餐時間！

在生物們的用餐同時，會有專業導遊或水槽中的飼養員會做詳細的講解。

區域		餵食時間		
日本森林	水獺	11：30	13：40	16：00
	鴨			16：15
阿留申群島	海獺	11：00	13：45	15：45
蒙特利灣	海獅	10：00	13：15	15：15
巴拿馬灣	長鼻浣熊	11：15	15：30	
厄瓜多雨林	水豚	13：30	15：45	
南極	企鵝	10：30	14：45	
塔斯曼海	海豚	11：30	14：00	16：00
大堡礁	魚	15：45		
北極	環斑海豹	10：45	16：40	
福克蘭群島	南跳岩企鵝	11：30	16：00	

這個必買！

★ 海洋生物小玩偶、造型餐具

海遊館的海獅、海豚、海狗一大堆絨毛小玩偶都超可愛，其中最有人氣的是水豚玩偶，讓很想帶回家。海洋生物造型的餐具也很特別，鯊魚 刀、鯨魚湯匙、海獅開罐器……真的會讓人很想全部打包帶走耶！

在城堡裡的水族館

北海道登別海洋公園尼克斯
NOBORIBETSU MARINE PARK NIXE

地址｜〒 059-0492 北海道登別市登別東町 1 丁目 22
服務專線｜+81-143-83-4800
開放時間｜09:00 ～ 17:00（售票至 16:30，休館日請上官網查詢。）
尼克斯樂園 11:00 ～ 16:00（僅日本黃金週、暑假、週六及節日營業，冬季休業。）
官方網站｜en.nixe.co.jp

Photo／FB&Blog：Dr. Phoebe 愛旅行

　　位在北海道的登別海洋公園尼克斯，並不是什麼最大、也不是最氣派的一個水族館，但這個小而美的海洋公園，的確有很多美麗的細節令我印象深刻。當初看到「整座城堡都是水族館」這句話，吸引我想一探此地，再加上一年四季天天都演出的企鵝遊行，是這裡的最大賣點。如果有機會去北海道旅行的話，不妨撥出一天的時間來拜訪這間「城堡裡的水族館」吧！

Photo ／噹米與露西。幸福空間

 交通指南

電車	JR 室蘭本線	登別站下車後走路約 5 分鐘。
巴士	高速巴士	往室蘭、往登別站方向，在登別下車。
開車	道央高速公路	下登別東交流道後開車約 5 分鐘。

 門票價格　　3 歲以下孩童免費，售票口只能付現金。

幣值：日圓（門票價格若有變動，以官網價格為準）

	成人（中學生以上）	兒童（4 歲～國小）
門票	2,450	1,250
團體票（10 人以上）	2,200	1,150

 這個必玩！

★ 欣賞歐式城堡外型，與安徒生合照
★ 看企鵝遊行，讓快樂腳為你療癒一下
★ 1 萬隻沙丁魚在水族箱裡奔馳（密集恐懼症患者請 PASS）
★ 在夜店風的水母區放空一下

安徒生故鄉的北歐風格

　　登別海洋公園的主建築是一座城堡，外觀與丹麥伊埃斯科城堡（Egeskov Slot）長得十分相似，伊埃斯科城堡是歐洲保存最好的文藝復興風格，不得不說這裡的翻版打造得唯妙唯肖，是非常鮮明的北歐風格，城堡的旁邊還有像護城河一樣的水池呢！

　　走北歐風的不只城堡本身，連海洋公園周邊的建築和街道也都是丹麥style，還有命名為奧登斯(Odense)的粉紅色房屋，Odense 可是寫出《賣火柴的小女孩》、《醜小鴨》的大文豪安徒生的故鄉！果然在房子前方就有一座安徒生的雕像。

　　站在正中央的尼克斯廣場，就可以環顧整個登別海洋公園，旁邊有一座大大的摩天輪，那是只有夏季才營業的遊樂園「尼克斯樂園」，我們去的時候並沒有開放，似乎只有 4 ～ 10 月才開放的樣子。

Photo／FB&Blog：Dr. Phoebe 夢旅行

Photo ／鳴米與露西。幸福空間

企鵝遊行一天兩場，全年無休

　　每個海洋公園或海洋館常見的動物秀，例如海獅表演、海豚表演、餵食秀等等，這些登別海洋公園都有，不過這裡有一個吸引力十足的活動——企鵝遊行，我就是被這個活動召喚而來的。我有提過小孩對於企鵝的熱愛吧，他們果然對企鵝遊行非常有興趣，我看了也感到好療癒啊！

　　遊行開始的時候，遠遠的就會看到小企鵝跟著大企鵝，配合工作人員拍手的節奏，踏著只有企鵝才踏得出來的快樂腳，搖搖擺擺的走在遊行路線上。雖然陣容不算很盛大，只有十隻以內，但觀眾還是很雀躍。

　　看企鵝蹦蹦跳跳的好像很開心，大家都發出了笑聲，氣氛好有感染力（就是你會莫名的想學牠們走路，哈）。所以企鵝遊行絕對是來這裡必看的重點，全年都有，一天兩場，千萬不要錯過。

攻略！

★ 生物們的用餐時間！

企鵝遊行跟沙丁魚表演一天都有兩場，想看的人別錯過了。

表演時間

項目	時間	長度
企鵝遊行	11:00、14:15	15 ～ 20 分鐘
銀河水槽沙丁魚表演	11:50、15:10	10 分鐘

8 公尺水晶塔，銀河水槽超壯觀

　　進入城堡內部，就是海洋館本身，你會看到這裡的第二個特色，高達 8 公尺的水晶塔水族箱，裡頭有各式各樣顏色鮮豔的魚群跟生物，感覺很震撼，眼睛一時之間不知道該先看哪個方向才好，小朋友光在這裡就駐足了好久，因為裡面的海洋生物真的非常多。

　　在地下樓的「銀河水槽」也很有看頭，裡面有多達 1 萬隻沙丁魚，從容的在水裡游泳，還有燈光打在牠們身上。沒想到，當工作人員把魚餌放進去的時候，牠們游泳的速度居然開始變得超快，整群閃閃發亮的迅速游過，就像銀河一樣美麗。原來這就是登別海洋館的沙丁魚表演秀，我第一次看到，很特別。不過，有密集恐懼症的人應該會覺得很可怕，畢竟是 1 萬隻密密麻麻的魚……

像 Lounge Bar 的水母區，放鬆一下

登別海洋公園麻雀雖小，但樣樣俱全，可以看到魚兒游來游去的海底隧道，或是可以摸到水中生物的展覽區，這裡都有；接近底層時，還有兩條不同的海底隧道，能分別觀賞暖流和冷流兩個區域的海底生物。

其實館內我最喜歡的地方是下頭的水母區，這可是北海道最大的水母水族箱，這個區域只有水中發出的藍色燈光，播放著舒服悅耳的音樂，正中央還有沙發可以坐著歇息，水母也過得太爽了，這裡根本就是 Lounge Bar 嘛！我都想點杯酒來喝了，哈哈，開玩笑的，雖然沒有酒，但是看著緩緩游動的水母，感覺時間就像靜止了一般，令人非常放鬆。

攻略！

★ 戶外表演區，海豹跳圈圈

在戶外有個海豹的小小表演區，它是一個圓圈游泳池，裡頭有給海豹專用的直立型圈圈，海豹會直接從中間圓形通道穿越，就像在表演一樣，超可愛的啦！

去參加夜晚動物趴的

夜間野生動物園 SINGAPORE NIGHT SAFARI

地址 | 萬禮湖路 80 號，新加坡 729826
服務專線 | + 65-6269-3411
開放時間 | 19:15 ～ 24:00 （最晚售票時間為 23:15，餐館、商店為 17:30 開始營業。）
官方網站 | www.nightsafari.com.sg/

Photo／Wildlife Reserves Singapore

　　新加坡的夜間野生動物園是全球第一個專門為了夜間動物而設立的動物園，應該也是唯一一個只在晚上開放的動物園吧！我們平常逛動物園都是在白天，夜行性動物大多都會住在「夜間動物館」之類的區域，可是夜間野生動物園裡就有超過1000隻動物，也太厲害了吧！所以一知道有這麼特別的地方，我馬上就心動了，去了之後才發現，原來這裡超級熱門的。

 交通指南

地鐵 NS16 宏茂橋站轉乘 138 號公車到新加坡動物園（大概 1.5 小時）。

 門票價格

我覺得直接在官網買票很方便（有中文版網頁可選），而且還有和其他動物園區搭配的優惠。電子票券印出來或拿手機秀出來就可以直接排隊、掃條碼入園。不知道如何上官網買的話，也有不少人推薦向當地的天宇旅行社購買，連環球影城的門票也有優惠。

幣值：新加坡幣（門票價格若有變動，以官網價格為準）

	成人	小孩（3～12歲）
夜間野生動物園門票（含英語導覽車）	45	30
2 園區門票 （夜間野生動物園＋新加坡動物園 or 河川生態園 or 裕廊飛禽公園）	59	39
4 園區門票 （新加坡動物園、夜間野生動物園、河川生態園、 裕廊飛禽公園）	69	49

 這個必玩！

★ 門口看部落吞火秀
★ 搭遊園車近距離跟老虎獅子打照面
★ 偷看動物們的夜間生活
★ 走上園區步道，參觀途中的餵食秀
★ 欣賞動物秀，上台跟動物來個互動

夜間野生動物園是屬於新加坡野生動物保育集團底下的 4 個園區之一，其他 3 個園區分別是：裕廊飛禽公園、河川生態園和新加坡動物園。如果你的時間很充裕的話，我推薦大家可以買 2 園或 4 園的套票，因為真的滿划算的，而且可以待上足足一整天都不嫌多。

入園請提早抵達，觀賞驚奇吞火表演

夜間野生動物園是採取時段管制、讓遊客分批入園的制度，所以入園時間是有規定的喔！總共分為 19:15、20:15、21:15、22:15 四個時段，每個時段的門票數量也是有限的，售完就只能買下一個入園時間了。想充裕的逛園區、欣賞到每一場表演的人，記得要提前抵達，不只是買票，光是排隊進場就要花掉不少時間了，已經先買好票的人最好也早點來排隊。

不過園方也滿貼心的，遊客在大門入口排隊等進場的時候，就能觀賞到第一場表演，而且還是血脈賁張的猛男吞火秀耶！沒有啦，其實是婆羅洲的土著部落表演，勇士們會拿著火把舞動，往嘴裡灌酒後噴出熊熊火焰，還會將火把靠近嘴巴，像吞火般整個大噴火，這應該就是他們表現「跟火神搏鬥」的方式吧！我覺得現場的人跟我一樣都看傻眼了，一臉驚訝、目瞪口呆，差點忘記「啊！要入園了吼！」

★ **婆羅洲土著部落表演**

表演地點	大門入口庭院
表演時間	19:00、20:00、21:00、22:00 22:00 場僅限週五、週六與假日前夕 每週三休演

★ **夜晚的精靈動物表演**

表演地點	圓頂劇場
表演時間	19:30、20:30、21:30、22:30 22:30 場僅限週五、週六與假日前夕

Photo／Wildlife Reserves Singapore

妙趣十足的精靈動物表演

　　動物園裡的另一個表演是「夜晚的精靈動物表演」，劇場的座位是階梯式的，基本上都看得到舞台。這場秀的時間是 20 分鐘，會有水獺、熊狸、非洲藪貓等動物演出，也會找觀眾上去互動，請聰明的動物猜猜誰手上有食物之類的，總之過程很有趣，難怪是園區內的人氣表演，大家不要錯過，也記得要提早去排隊！

我覺得要先去走步道或先看動物秀都可以，只要注意最後一班回飯店的公車和地鐵的時間，我們是要回去之前才去看的。這個秀主要是宣導如何善待動物，不是訓練動物來表演的那種，雖然主持人全程講英文，但淺顯易懂，看動作也能理解，整場演出都充滿了笑聲。

　　對了，還是要再提醒一次，演出時的拍照也不要打閃光燈喔，會把動物嚇死的。

瞪大眼睛在黑暗裡尋找動物

　　園區內一共有 4 條步行小徑，分別是漁貓小徑、花豹小徑、東站小徑跟沙袋鼠小徑，每條小徑看到的動物都完全不一樣喔！這 4 條路是連在一起的，建議大家可以從漁貓小徑開始走，最後走完沙袋鼠小徑就會繞回門口了。

　　漁貓小徑是新加坡當地的土生動物，有漁貓、熊狸、狐猴、穿山甲等等，夠幸運的話，可以看到漁貓在摸水，我是沒看到啦。花豹小徑是最受歡迎的一條，兇猛的豹、獅子都在這裡，有隔著玻璃窗，別擔心。東站小徑有非洲動物，大羚羊、斑鬣狗等動物；沙袋鼠小徑則是有澳州的袋鼠、負鼠……

　　有些坐遊園車沒看清楚的動物，可以趁走步道的時候放大眼睛再看一下，路邊都有指標，也有服務人員站崗，不用怕會迷路。只是為了不妨礙動物生活，園區裡的燈打得不是很亮，所以我們在動物園拍的照片都很模糊，看不太清楚。

photo／Wildlife Reserves Singapore

攻略！

★ 避開排隊人潮的小祕訣

在夜間野生動物園常常需要排隊，從入園到看表演、搭車都是等等等。如果你覺得排導覽車的人太多，也可以先往右轉去觀賞精靈動物表演，待演出結束後，排隊搭車的人也減少很多了，是不是挺聰明的？（那我當時怎麼沒想到？）

我們是前幾年去的，動物園沒有中文的介紹，小朋友沿途會一直問：「媽媽，這是什麼動物？」「媽媽，那是什麼動物？」我的心中從頭到尾都充滿了問號，動物學名很不好認的啊！

「就……老虎。」我心虛。

「媽媽，那是什麼樣的老虎？」小朋友很不死心。

「呃，牠就是老虎。」

「媽媽，那麼那隻是什麼老虎？」小朋友求知欲真的超旺盛。

「牠……還是一隻老虎。」

有的動物我根本沒看過，也不知道是什麼，希望現在有中文說明了，不然爸媽可能要隨時用手機翻譯一下。

攻略！

★ 獅子與老虎的餵食秀

走步道的時候，途中會有動物餵食秀，想看的可以注意一下餵食秀的時間。

	時間	地點
獅子餵食秀時間	20:00、21:00	花豹小徑的獅子瞭望台
老虎餵食秀時間	20:30、21:30	東站小徑的馬來亞虎展區

在夜間野生動物園拍照真的要很有技巧，否則拍出來的幾乎都是這種照片啊！

跟海洋動物約會的

香港海洋公園 OCEAN PARK HONG KONG

地址 | 香港南區黃竹坑黃竹坑道 180 號
服務專線 | +852-3923-2323
開放時間 | 10:00 ～ 21:00（每日開園及閉園時間不同，請上官網查詢當日營業時間。
高峰樂園關門時間亦不一定，請詳加留意。）
官方網站 | www.oceanpark.com.hk/tc

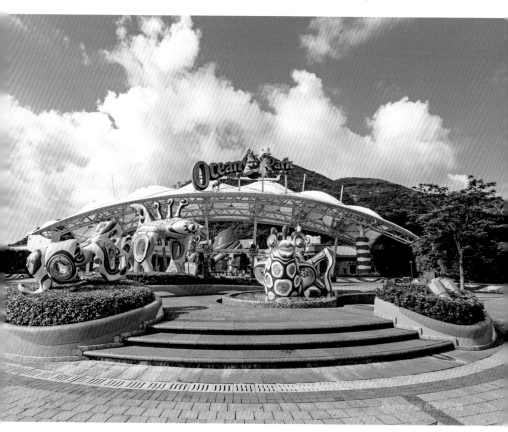

Photo／香港海洋公園

交通指南

港鐵	海洋公園站	南港島綫已於 2016 年底通車，出站即可至正門入口。
巴士	香港仔隧道收費廣場站	香港、新界、九龍皆有巴士可抵達。詳細路線請上官網查詢。
跨境巴士	海洋公園	深圳灣及深圳機場均設有跨境巴士直達。 中港通：香港海洋公園快線 環島旅運：環島海洋公園專線

門票價格 購票地點：海洋公園正門、香港全線 7-11 便利店、海洋公園官網。

幣值：港幣 (門票價格若有變動，以官網價格為準)

	成人（12 歲或以上）	小童（3～11 歲）
日間入場門票	438	219

海洋快證

假日的海洋公園人潮滿多的，不想排隊的話，建議可買「海洋快證」。售價 250 港幣，可自選 10 次特快通行服務，每種遊戲設施只能使用一次。

	可使用設施
海濱樂園	登山纜車站（單程）、海洋列車海濱站（單程）、海洋奇觀。
高峰樂園	登山纜車站（單程）、海洋列車高峰站（單程）、南極奇觀、熱帶激流、瘋狂過山車、越礦飛車、尋鯊探秘、極地時速、動感快車、摩天巨輪、滑浪飛船、極速之旅。

這個必玩！

★ 懸在海上、貼著懸崖的超驚嚇登山纜車
★ 熱帶激流穿越熱帶雨林
★ 摸摸抱抱動物明星的「和動物親上加親」
★ 到「冰極天地」看南極企鵝與北極海象
★ 「神祕深海之夜」搭帳篷，讓可愛魚兒陪你一整晚
【限定】今年是香港海洋公園開業 40 周年紀念，園方有準備一連串的慶祝活動及紀念商品，去之前可以先上官網研究一番。

　　跟香港迪士尼一樣，香港海洋公園可是香港的十大景點之一，而且稱得上是世界級的海洋公園。對寸土寸金的香港來說，海洋公園的占地簡直是非常的大啊！園區主要分為上半部的高峰樂園和下半部的海濱樂園兩個部分，中間是需要搭登山纜車或是海洋列車往來的，大家如果想花一天整個玩遍，那就要好好研究一下動線囉～對遊樂設施比較有興趣的人，我建議你就直接往上半部的高峰樂園衝吧！

超高登山纜車，刺激更勝雲霄飛車

　　我們去的時候決定由上往下玩，所以一進樂園就往纜車站走，旁邊是「香港老大街」，復刻了五〇～七〇年代的香港懷舊風貌，裡面的造景做得滿有味道的，街道和店舖、古董老爺電車什麼的都很有氣氛，會忍不住拍起照來，這裡還有賣一些傳統港式小吃，是感受香港文化不錯的地方。

搭登山纜車到高峰樂園大約要快10分鐘，中途還可以欣賞風景，假如你有懼高症或是想節省移動時間，建議你搭海洋列車，直接穿過一座山，5分鐘以內就到了。

　　登山纜車是沿著山邊的懸崖走，那可是非常高的懸崖，從纜車上往下看真的超級高，另一側就是海，很漂亮但看了也有點腿軟。如果你光在腦中想像就害怕的話，勸你真的要搭海洋列車比較好，因為我跟Emma後來一致覺得，園區內的其他遊樂設施像是「極地時速」、「動感快車」什麼的，真的都沒有登山纜車的驚嚇指數來得高！

　　Emma和同伴最喜歡的遊樂設施是高峰樂園的「熱帶激流」，我也很愛。這是坐橡皮艇參觀熱帶雨林，中間會穿越很多漩渦和激流，還會有岸上的遊客用水槍襲擊你，雨林裡一下是暗的，一下又可以照到陽光，整個過程都很刺激，小朋友們連續坐好幾次都不肯走，他們覺得太好玩了！在這裡要提醒一下，玩這個設施一定會弄濕，記得穿防水的衣服或帶一套去換。

Photo／香港海洋公園

Photo／香港海洋公園

Photo／香港海洋公園

跟動物來一場親密約會

　　來海洋公園的目的之一，當然是為了能有跟動物有更親近的接觸，園方有一系列「跟動物親上加親」的活動，讓小朋友可以近距離的接觸海獅、海豹、海豚、大熊貓和企鵝等動物，不但能摸摸抱抱牠們，還可以體驗當餵飼員喔！首先，指導員會解說該動物知識和注意事項，讓人對牠們有基本的認識，等穿好裝備就可以跟牠們一起玩了，參加的人都可以跟動物合照做紀念。

　　不過「跟動物親上加親」是要另外收費的，也要事先在網路上預約，活動日前 2 天就會截止報名了，如果活動當天預約沒有額滿的話，有些下午場次會開放中午前現場報名。Emma 去海洋公園時的年紀有點小，跟動物接觸的時候不太敢靠近，離得遠遠的，她會說：「媽媽妳餵牠，媽媽妳摸牠。」由我來代勞讓她感受一下，但是回到飯店之後，還是會很開心的討論今天看到了什麼動物，所以我覺得跟動物接觸對小孩來說是非常有意義的。

走進極地世界，更了解兩極生物

　　園區裡除了熱帶雨林天地之外，「冰極天地」也是我很喜歡的一個區域，這裡是仿照南北極的氣候環境建造，讓人感覺好像置身極地一般。在「南極奇觀」看得到南極的國王企鵝、南跳岩企鵝、巴布亞企鵝，在「北極之旅」則看到北極的太平洋海象、北海獅，還有「雪狐居」裡很空靈的北極狐。

　　小朋友每進到一個館區，就會發出此起彼落的驚喜叫聲，在看到可愛動物的同時，也能體驗到牠們居住的環境是怎麼樣的，我也會趁機告訴小孩，在生活中可以如何關心動物跟牠們的家，其實動物是很好的環境保育大使，這也是我喜歡帶小孩去動物園或海洋館的一個原因。

　　為了照顧動物需要，模擬牠們的生活環境，冰極天地這裡的館區溫度都比較低，像「南極奇觀」只有 8 ～ 10 度，夏天去玩也要幫小孩帶件外套，才不會溫差太大就感冒了。

Photo／香港海洋公園

Photo／香港海洋公園

Photo／香港海洋公園

攻略！

★ 超好用的海洋公園 APP

海洋公園有推出園方自己的 APP，裡頭不但有地圖，還有園區內的語音導覽，只要戴上手機本身的耳機，就能聽到語音介紹了。如果連上園區裡的 wifi，還能使 APP 的用全部的功能，可以訂餐廳、查看表演時間，還有「預約通行證」，能預訂玩遊樂設施的時段，有 9 項指定的設施，可以自己選擇 3 個設施預約，這也太好用了吧！

Photo／香港海洋公園

集頭籠出
Super Tales
天約 筆比

Photo／香港海洋公園

神祕深海之夜，與魚群一起入眠

　　最後要推薦大家海洋公園裡一個非去不可的點，那就是介紹深海世界的「海洋奇觀」，這裡真的很壯觀又很美麗，裡頭有個圓頂，一抬頭就是水底世界；走進珊瑚礁隧道，可以看到色彩鮮豔的七彩珊瑚和繽紛魚群，小朋友們都看得嘖嘖稱奇。最後還有寬 13 公尺的超大觀賞屏，聽說一次能看到 5000 條魚，我是沒有數過啦，不過數量真的非常非常多！

　　這裡還有一個很吸引人的活動，叫做「神祕深海之夜」，很可惜上次去不知道，我下次想去試看看。它就像台灣海生館夜宿的活動，在館內搭帳篷睡一晚，可以在夜宿時偷看海底動物的生活，據說還看得到鎚頭鯊與魟魚，一定很有趣！活動包括了「海龍王餐廳」的晚餐，還有大熊貓餐廳的早餐，有魚群和熊貓陪你吃飯，也太特別了啦！只是這個活動不是每天都有，一個月可能一場而已，要去也得靠緣分囉！

Photo ／香港海洋公園

Photo／香港海洋公園

Photo／香港海洋公園

Photo／香港海洋公園

Photo／香港海洋公園

這個必買！

★ 40 週年特別版商品

海洋公園為了慶祝 40 周年紀念，聯合了一些品牌推出特別版商品，像是與奇華餅家合作的、以海洋公園吉祥物為主題的曲奇禮盒，餅乾造型是熊貓和企鵝，超可愛的！還有與 LeSportsac 跨界合作手提袋，上面是動物印花，只有香港澳門有在賣，大家說說能不入手嘛！

感受另類悠閒香港的

挪亞方舟 NOAH'S ARK HONG KONG

地址｜香港新界馬灣珀欣路 33 號
服務專線｜+852-3411-8888
開放時間｜10:00 ～ 18:00
官方網站｜www.noahsark.com.hk

香港的挪亞方舟是一個結合自然公園、遊樂與教學區，以及度假酒店的複合式主題公園，台灣似乎沒有很多人知道，它就位在香港新界的馬灣島上，離都市有一段距離，有點像祕境的感覺，不過這裡和旁邊的青馬大橋，都是香港頗為知名的旅遊景點，附近還有大自然公園可以觀察生態，帶小朋友來玩會學到滿多知識的喔！

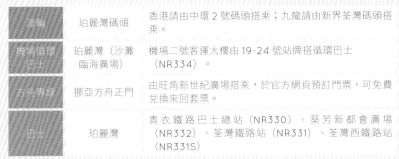

 交通指南

渡輪	珀麗灣碼頭	香港請由中環 2 號碼頭搭乘；九龍請由新界荃灣碼頭搭乘。
機場循環巴士	珀麗灣（沙灘臨海廣場）	機場二號客運大樓由 19-24 號站牌搭循環巴士（NR334）。
方舟專線	挪亞方舟正門	由旺角新世紀廣場搭乘，於官方網頁預訂門票，可免費兌換來回套票。
巴士	珀麗灣	青衣鐵路巴士總站（NR330）、葵芳新都會廣場（NR332）、荃灣鐵路站（NR331）、荃灣西鐵路站（NR331S）

門票價格　　幣值：港幣（門票價格若有變動，以官網價格為準）

	成人	小童（3～11 歲）及長者（65 歲以上）
套票	168	138

套票包含：含方舟博覽館、方舟花園、珍愛地球館、方舟生命教育館、大自然公園及太陽館。

 這個必玩！

★ 一比一建造挪亞方舟建築
★ 影院觀賞大洪水來臨，觸摸 520 公斤的太空隕石
★ 給小孩一趟愛與大自然的教育（順便度假）
★ 東灣泳灘漫步，欣賞青馬大橋

聖經故事中的挪亞方舟

　　這裡叫「挪亞方舟」可是名符其實，因為園區內最顯眼的五層樓高舟型建築，是依造《聖經》記載的比例所建造的，長 300 肘（133.5 米），寬 50 肘（22.3 米），高 30 肘（13.4 米），長度是寬度的 6 倍、高度的 10 倍。據說，香港的挪亞方舟是世界上第一個以聖經故事建造的旅遊景點，也是目前唯一一艘 1 比 1 等大的挪亞方舟複製品。

　　外頭的方舟花園裡擺了 67 對造型動物雕塑，是摸擬洪水退卻時，動物們一一走出方舟的經典場面，如果你們的信仰也是基督教的話，可以跟小孩說一下聖經上關於「挪亞方舟」的故事。

Photo：挪亞方舟

觸摸太空隕石，觀察太陽活動

　　走進建築裡面，有方舟博覽館、珍愛地球館和方舟生命教育館，透過參觀這些區域，可以帶小朋友體驗一場心靈之旅和生態教育。博覽館的180 度環繞電影院，主題也是有關聖經中挪亞方舟的故事，播出時會配合震動、光線和風吹，讓人彷彿親自感受到大洪水來臨時的震撼；裡頭還有展出一塊重達 520 公斤的太空隕石，還能親手觸摸、體驗隕石的質感。

　　珍愛地球館裡面有 15 個主題展覽區，從生命、動物、科學、歷史等都有，範圍涵蓋滿廣大的，還有很多可以讓小孩親自操作與接觸的遊戲，感覺學習知識一點都不無聊。方舟生命教育館則用一些小故事、或是體驗式的遊戲，讓小朋友明白我們要珍惜人生，感受生命中的美好。

　　方舟附近還有一座太陽館，有一具很大的太陽望遠鏡，可以觀察到神奇的太陽表面活動，還能了解許多關於太陽及銀河系的奧祕。而且館內部不定期還會舉辦各種大自然與科學相關的營隊耶，香港的小朋友未免也太幸福了吧！

高空繩網，藝高人膽大

　　挪亞方舟的各個館區都滿 Peace 的，明顯是以教育性質為主，但我想有個區域小孩一定都很愛，那是位在方舟建築旁邊的遊樂區，並不是雲霄飛車或旋轉咖啡杯那種，而是給小孩玩的體能遊戲。

　　主要的區域是一個籃球場，旁邊還有 8 公尺高的巨型鞦韆、巨人階梯以及高空繩網陣，看起來滿壯觀的。小朋友的膽子要是夠大，不妨讓他們體驗爬在繩上、在空中飄盪的感覺，看完靜態的展覽正好可以發洩一下精力。

　　不過高空繩網活動是需要先預約的，而且要湊滿 20 個人才能報名，如果是像我們這樣好幾個家族一起出遊，或許可以嘗試看看喔！

攻略！

★ 東灣泳灘散步，欣賞青馬大橋

馬灣島被香港政府列管為自然保留地，島上看不到私人汽機車，只有公共交通船和公車，居民的生活步調也很悠閒，整個小島散發出一種恬淡自在的氣氛，跟香港本島的繁華熱鬧差很多。

而挪亞方舟旁邊就是東灣泳灘，平時不會有爆滿的觀光客，陽光正好的日子，拿杯飲料漫步在沙灘上，瞬間度假感十足。另外也可以爬到觀景台上欣賞青馬大橋，從馬灣的角度看過去還滿壯觀的！

可以跟虎鯨當飯友的

加州聖地牙哥海洋世界
SEAWORLD SAN DIEGO

地址｜500 Sea World Dr, San Diego, CA 92109
服務專線｜+1-619-222-4732
開放時間｜10:00 ～ 23:00（每日開園及閉園時間可能不同，
請上官網查詢當日營業時間。）
官方網站｜seaworldparks.com/en/seaworld-sandiego/

Photo／SeaWorld

　　位在加州的聖地牙哥海洋世界，是美國主題樂園營運商「海洋世界娛樂公司」底下開設的 3 座海洋公園之一，另外 2 座分別是佛羅里達州的「奧蘭多海洋世界」和德州的「聖安東尼奧海洋世界」。所以，大家猜得到聖地牙哥海洋世界的規模有多大了嗎？它不但是全美國最大的海洋主題公園、也是遊樂園，裡頭有各式鯨豚表演、動物表演，當然也有遊樂設施可以玩。最重要的一點是，如果你想一起去 SeaWorld 旗下的其他主題樂園遊玩，通常都會有十分優惠的樂園套票可以購買，不失為一個節省荷包又玩得超開心的好選擇。

　　我記得來 SeaWorld 玩的那一年，Emma 整個夏天只學會了一個英文單字，就是「Shamu」！這個是 1960 年在聖地牙哥海洋世界表演的虎鯨的名字，也是第一隻學會表演的虎鯨，因此後來的虎鯨表演就使用牠的名字來命名，叫做「Shamu's One Ocean Show」。

門票價格

平日限定票或任一日票都是有使用期限，且不可退換、改日期，不過會有限時的優惠價格，訂購之前記得查詢清楚；官網上也有各種包含餐飲、或是與其他樂園一起購買的優惠套票。

幣值：美金（門票價格若有變動，以官網價格為準）

平日票限定票（Weekday Ticket）	94.99 （限時特價 64.99）
任一日票（Any Day Ticket）	94.99 （限時特價 74.99）
全年門票（Fun Card‧Unlimited Visits All 2017）	成人 94.99 孩童（3 ～ 9 歲）88.99

 這個必玩！

★ 「Dine With Shamu」與虎鯨一起吃飯
★ 看海豚表演時坐到 Soak Zone 去淋一身濕，享受暢快
★ 搭曼塔飛車想像自己是在海洋暴衝的魟魚
★ 在觸摸池跟鯊魚寶寶親密接觸

虎鯨表演的新變化，寓教於樂

　　虎鯨一直都是海洋世界吸引遊客的最大特色，因為他們人工養育虎鯨已經 40 年了，早就不需要在外面捕撈。不過，由於 2013 年一部關於虎鯨的紀錄片批評人工圈養虎鯨的缺點，就有越來越多的美國人反對圈養跟繁殖牠們，所以海洋世界表示不再繁殖虎鯨，也決定要逐漸結束虎鯨的表演秀了。聖地牙哥海洋世界就是第一個停止表演的地方，其他兩個海洋世界也會在 2019 年停止。

　　我很認同動物保護的觀念，雖然之後看不到「Shamu」的表演了，還是可以在這裡跟大家分享當初觀賞的心得。「Shamu's One Ocean Show」真的滿好看的，虎鯨非常可愛，整套演出的完整性也很高，牠會聽從訓練師的指示做出各種高難度的表演；記得我們當時是晚上看的，燈光打下去絲毫不遜於白天觀賞的感覺，最後虎鯨還會故意噴大家水，連沒被濺到的人也會很興奮！

　　從今年夏天開始，聖地牙哥海洋世界會推出新節目「遇見虎鯨」（Orca Encounter），可以觀賞到虎鯨如何覓食、溝通，介紹牠們的生活和家庭組成等等，充滿了寓教於樂的正面意義，而且還是看得見虎鯨從水中一躍而起的英姿喔！

Photo／SeaWorld

Photo／SeaWorld

Photo／SeaWorld

Photo / SeaWorld

攻略！

★ 與虎鯨一起用餐

要是有小朋友問你，虎鯨不表演之後，牠要做什麼呢？在虎鯨池的附近有一間可以跟虎鯨一起吃飯的餐廳喔！用餐區前方就是虎鯨的大水池，當你吃飯的時候，牠就在大水池裡游來游去，有時候會看到訓練師跟牠一起練習，滿新奇的。餐廳下方的區域還有大片的透明玻璃，虎鯨在水面下的動作都能看得一清二楚。進入「Dine With Shamu」用餐的費用大約是大人 40 美金、小孩 20 美金，這種性質的餐廳的確會比較貴，也不一定比較好吃，不過有虎鯨作陪就值得了，對吧？記得要去的話需要先上官網預約。

海豚表演秀，小心濕身

　　沒有虎鯨表演沒關係，海洋世界的海豚和海獅表演也都很熱門，因為在聖地牙哥海洋世界看秀的人非常多，會建議大家提早半小時入場，才能坐到比較好的位子。如果現場的座位區有特別寫上「SOAK ZONE」的話，就是代表坐在這裡會被噴濕，想涼快一點的人可以選這裡！但是要注意你的相機、手機有沒有收好，否則被弄濕壞掉就慘了。

　　海豚表演秀令我印象深刻的地方是，好幾隻海豚一起跳高的畫面很整齊又壯觀，只要牠尾巴一揮，水真的會噴上觀眾席的 SOAK ZONE，超有趣、超好玩的！假如是冬天帶小孩去，一定要注意幫小孩保暖，淋到水是很容易感冒的。很喜歡海豚的人，我還要推薦「DOLPHIN POINT」這個地方，這裡是一個開放式的大水池，可以看到訓練員餵養海豚的樣子，還能伸手摸到海豚喔。

Photo：SeaWorld

曼塔飛車，體驗魟魚的水中生活

還記得玩樂園的 SOP 吧？先拿好園區地圖和節目表，好好研究，把想看的秀、想玩的設施先勾起來，再來安排當天園區內的行程與路線。像在聖地牙哥海洋世界，我會建議大家先選定想看的表演秀、還有用餐的時間，中間再穿插去玩遊樂設施。

有一項設施我強力推薦一定要玩，就是 Manta 曼塔飛車，Manta 是一種魟魚的名字，這設施就是以魟魚在水裡游泳的概念打造的，整個是有點俯趴著的感覺。還有，這個飛車的速度，哇——有夠快的，我的拖鞋差點沒飛出去，所以第二次搭的時候，索性把拖鞋給脫掉，真是太好玩了！這是個會讓人回味不已的設施。

Photo / SeaWorld

Photo / SeaWorld

Photo / SeaWorld

Photo／SeaWorld　　Photo／SeaWorld　　Photo／SeaWorld

> **攻略！**

★ 露天摸魚區，摸到鯊魚寶寶了！

一進到聖地牙哥海洋世界的主廣場，就會看到一個露天的大池塘，這是專門設計讓人親手觸摸海洋生物的觸摸池，裡頭有海星、海參、溫泉魚之類的；不過最特別的是，這裡的觸摸池中居然有鯊魚！雖然是嬰兒程度的鯊魚寶寶，還是有很多小朋友們不敢去摸。如果大家想知道摸起來是什麼感覺，嗯～自己去摸看看就知道囉！

Photo／SeaWorld　　Photo／SeaWorld

玩藝 0050

遊樂園
親子旅遊團長小禎最強樂園攻略！
機票、門票一起撿便宜，嗨玩 16 座世界樂園、買翻附近 outlet

作　　者—小禎 (胡盈禎)
攝　　影—林威呈
經紀公司—泰迪星娛樂事業有限公司
化妝髮型—邱晏嵐
服裝造型—小娟
封面設計—顧介鈞
內頁設計—亞樂設計
文字整理—陳憶菁
主　　編—施穎芳
責任編輯—施怡年
責任企劃—塗幸儀
董 事 長—趙政岷
總 經 理—趙政岷
總 編 輯—周湘琦
出 版 者—時報文化出版企業股份有限公司
　　　　　10803 台北市和平西路三段二四〇號二樓
　　　　　發行專線　(02) 2306-6842
　　　　　讀者服務專線　0800-231-705、(02) 2304-7103
　　　　　讀者服務傳真　(02) 2304-6858
　　　　　郵撥　1934-4724 時報文化出版公司
　　　　　信箱　台北郵政 79～99 信箱
時報悅讀網／ http://www.readingtimes.com.tw
電子郵件信箱／ books@readingtimes.com.tw
時報出版風格線臉書／ https://www.facebook.com/bookstyle2014
法律顧問／理律法律事務所　陳長文律師、李念祖律師
印　　刷／詠豐印刷股份有限公司
初版一刷／ 2017 年 6 月 30 日
定　　價／新台幣 390 元
特別感謝／

國家圖書館出版品預行編目 (CIP) 資料

遊樂園：親子旅遊團長小禎最強樂園攻略！機
票、門票一起撿便宜，嗨玩 16 座世界樂園、
買翻附近 outlet／小禎 (胡盈禎)著 . -- 初版 . --
臺北市：時報文化 , 2017.06
　面；　公分 . -- (玩藝；50)
ISBN 978-957-13-7047-7 (平裝)

1. 主題樂園　　2. 世界地理
719　　　　　　　　　　106009506

時報文化出版公司成立於一九七五年，
並於一九九九年股票上櫃公開發行，於二〇〇八年脫離中時集團非屬旺中，
以「尊重智慧與創意的文化事業」為信念。

（缺頁或破損的書，請寄回更換）

SHOW 植透肌　妳的肌膚保水專家

保濕專利 γγ-PGA 、美白專利TIF

深入保濕 × 即刻救白

小禎真心推薦:「有來過的面膜!」

粉絲專頁搜尋:W.Show 肌膚保水專家
官方網站:www.wshow.com.tw

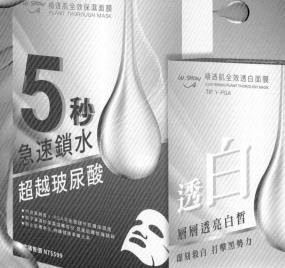

W.Show 植透肌全效保濕面膜
PLANT THOROUGH MASK

5秒
急速鎖水
超越玻尿酸

★內含高濃度 γ-PGA可全面維升肌膚保濕度
★維季濤濤的保濕抓牢鎖水力,促進肌膚修護頭幹
★防止肌膚老化,持續健康亮膚光采

建議售價 NT$599

W.Show 植透肌全效透白面膜
LIGHTENING PLANT THOROUGH MASK
TIF Y-PGA

透白
層層透亮白皙
即刻救白 打擊黑勢力

★獨家專利配方TIF,有效抑制黑色素
★高效保溫直達肌底,持續彈潤
★白皙透亮罷展深入,擁膚美肌計畫全面啟動!

建議售價 NT$599

30ml精華
×
杜邦天絲綿

MEET THE DIFFERENCE

親子旅遊團長小禎最強樂園攻略

遊・樂園

機票、門票一起撿便宜，
嗨玩16座世界樂園、買翻附近outlet！

※ 請對摺後直接投入郵筒，請不要使用釘書機。

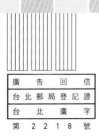

| 廣 | 告 | 回 | 信 |
| 台 北 郵 局 登 記 證 |
| 台 | 北 | 廣 | 字 |
| 第 | 2 | 2 | 1 | 8 | 號 |

時報文化出版股份有限公司
108 台北市萬華區和平西路三段 240 號 2 樓

第三編輯部 收

跟著小禎出國玩囉！
香港迪士尼回函抽獎大放送！

請您完整填寫讀者回函內容，將本頁寄回時報文化出版參加抽獎，就有機會抽中由兔寶機票量販 Rabbit's Ticket & Tour Service 提供的香港迪士尼行程喔！

兔寶機票量販
Rabbit's Ticket & Tour Service

地址:105 台北市松山區復興北路 1 號 9 樓之 7
代表號:(02)8771-5168

大樹旅行社

交觀甲:5818
品保證號:1017

★ 獎項：**限定國泰航空 台北—香港 經濟艙來回機票乙張及香港迪士尼門票一日券門票乙張，共兩名**

★ 兌換方式：
我們會提供機票及香港迪士尼一日券門票，再請與兔寶機票量販電話訂位，提供兌獎券即可兌換。（認券不認人）

★ 兌換機票限制：
- 效期：請於 2018 年 4 月 30 日前使用
- 不可使用日期：過年／寒假／暑假／國定連續假日
- 最慢請於出發前 14 天預訂機票

★ 活動時間：即日起至 2017 年 7 月 31 日為止（郵戳為憑）

★ 得獎公布：名額乙名，2017 年 8 月 4 日於「時報出版風格線」粉絲頁公布得獎者，並由專人聯絡。

★ 注意事項：
1. 請撕下本回函（正本，不得影印），填寫個人資料（凡憑正本回函可無限制投遞）並請黏封好寄回時報文化。
2. 本公司保有活動辦法變更之權利。
3. 若有其他疑問，請洽專線：(02)2306-6600#8228 塗小姐。

讀者資料 (請務必完整填寫，以便通知得獎者相關資訊)

姓名：＿＿＿＿＿＿＿＿＿＿　□ 先生　　□ 小姐

年齡：＿＿＿＿＿＿＿＿＿　職業：＿＿＿＿＿＿＿＿＿＿＿＿＿＿＿＿＿＿＿

聯絡電話：(H)＿＿＿＿＿＿＿＿＿＿＿＿　(M)＿＿＿＿＿＿＿＿＿＿＿＿＿＿

地址：□□□＿＿＿＿＿＿＿＿＿＿＿＿＿＿＿＿＿＿＿＿＿＿＿＿＿＿＿＿＿

E-mail：＿＿＿＿＿＿＿＿＿＿＿＿＿＿＿＿＿＿＿＿＿＿＿＿＿＿＿＿＿＿＿